懲毖錄

卷之一

壬七

징비록
懲毖錄

류성룡 지음 | 김문정 옮김

더스토리

| 차례 |

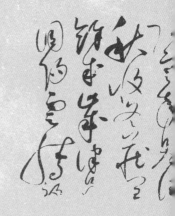

징비록 2권

이순신 (1545~1598)

옥포대첩, 사천포해전, 당포해전, 부산포해전, 명량대첩 등 수많은 해전
에서 승리하며 임진왜란 당시 왜군을 물리치는 데 큰 공을 세웠다.

권율 (1537~1599)

류성룡의 천거로 의주 목사가 되어 임진왜란에서 큰 공을 세웠다. 특히 권율이 이끌었던 행주대첩은 이순신이 이끈 한산도대첩, 김시민이 이끌었던 진주대첩과 함께 조선군이 크게 승리한 임진왜란 3대 대첩으로 꼽힌다.

신립 (1546~1592)

부산이 함락된 후 지형이 험준한 조령에서 북상하는 왜군을 막으려 했다. 상주에서 이일이 패전했다는 소식을 들은 신립은 개활지인 탄금대에서 배수진을 치고 왜적에 맞섰다. 북방의 여진족을 토벌한 명장이었지만 훈련도 제대로 되지 않은 오합지졸의 군사들과 왜적에 맞서 싸워 이기기는 힘들었다. 패전한 신립은 강물에 뛰어들어 자살했고 탄금대 전투의 패배로 선조는 도성을 떠나 피란을 떠나게 된다.

이여송 (1549~1598)

명나라 장수로 임진왜란 당시 원병을 이끌고 참전했다. 김응서 등이 이끄는 조선군과 연합해 1593년 1월 고니시 유키나가의 왜군을 기습해 평양성을 함락했다. 벽제관에서 왜군에게 패한 뒤 화의 교섭에만 주력했기 때문에 적극적으로 전투에 나서기를 원했던 류성룡과 여러 차례 다툼이 있었다.

도요토미 히데요시
(1536~1598)

1587년 일본을 통일했다.
다이묘들의 무력을 해외로
분출하게 만들어 일본의
정치적 안정을 꾀했고 국
제 교역에 있어서 불리함을
타파하기 위해 1592년 조선
을 침략했다.

가토 기요마사
(1562~1611)

임진왜란에 참전해 조선의
왕자 임해군과 순화군을
포로로 잡는 등 큰 활약을
펼쳤다. 하지만 울산 전투
에서는 죽음의 위기를 겪
기도 했는데 그 과정에서
함께 참전한 고니시 유키
나가, 이시다 미쓰나리 등
과 갈등을 빚었다.

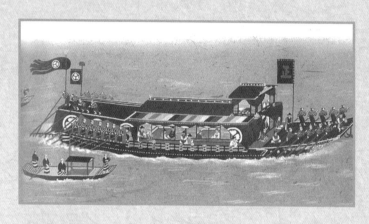

조선통신사

조선 국왕이 막부 장군에게 보내는 사절이었다. 왕래가 많던 조선 전기에는 일본 파견이 18회, 일본 국왕사의 조선 파견은 71회에 달했다. 하지만 조선 중기에 이르러 왕래가 끊기고 만다.

명량해전도

1597년 모함을 받은 이순신이 파직당한 뒤 삼도 수군통제사가
된 원균은 칠천량해전에서 일본 수군에게 크게 패하고 말았다.
이후 다시 삼도 수군통제사가 된 이순신은 남은 배 12척을 거
느리고 133척이나 되는 일본 수군과 명량에서 결전을 벌인 끝
에 적선 31척을 격파하는 대승리를 거뒀다.

장양공정토시전부호도

함경북도 병마절도사 장양공 이일이 1588년 여진족의 마을을
소탕하고 그 포로들을 심문하는 장면을 담았다.

당포전양승첩도

1592년 6월 2일 조선 수군이 통영 앞바다에서 왜적을 격파한 당포해전을 그린 그림이다.

울산성 전투 모사도 일부

1597년부터 1598년까지 조선과 명나라의 연합군이 왜군과 벌인 전투를 그린 그림이다. 국내에 알려진 울산성 전투는 제1차 전투이고 제2차 전투는 울산왜성에서 벌어진 전투로 조선과 명나라의 연합군은 많은 사상자를 낸 채 패배했고 왜군은 주위 성으로 후퇴했다.

진주성 지도

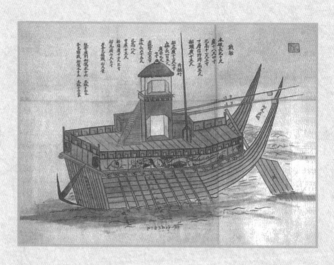

판옥선 옛 그림

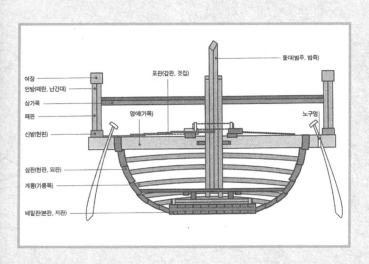

여장
언방(패판, 난간대)
삼가목
패판
신방(현린)
삼판(현판, 외판)
계룡(가룡목)
배밑판(본판, 저판)

포판(갑판, 겻집)
멍에(가룡)
돛대(범주, 범죽)
노구멍

판옥선 단면도

판옥선은 갑판 위에 상갑판을 꾸미고 그 위에 사령탑 격인 장대를 설치한
독특한 구조를 갖고 있다.

《징비록懲毖錄》이란 어떤 책인가? 임진왜란이 일어난 뒤의 일을 기록한 것이다. 덧붙여 임진왜란 전의 일도 간혹 기록한 것은 임진왜란이 일어나게 된 발단을 자세하게 밝히기 위한 것이다.

아! 임진왜란은 실로 참혹했다. 수십 일 만에 한양·개성·평양을 잃었고, 팔도가 산산이 부서졌으며, 임금께서 난을 피해 한양을 떠나셨음에도 오늘날이 있게 된 것은 나라를 보존하라는 하늘의 뜻이다. 또한 조종의 어질고 후한 은혜가 백성의 마음에 굳게 맺혀 있어 나라를 생각하는 백성의 마음이 그치지 않았기 때문이며, 임금이 명明을 섬기는 정성이 명의 황제를 감동하게 만들어 명의 지원군이 여러 차례 출동했기 때문이다. 그렇지 않았다면 이 나라는 위태로웠을 것이다.

《시경詩經》에 '내 지난 잘못을 징계懲하여 뒷근심이 없도록 삼가愼노라'고 했으니 이것이 바로 징비록을 지은 까닭이다. 나 같이 못난 사람이 난리가 나고 국정의 질서가 무너져 어지러운 때에 국가의 중한 책임을 맡아서 위태로운 판국을 바로잡지도 못하고, 넘어지는 형세를 붙들지도 못했으니 그 죄는 죽어도 용서받을 수 없을 것이다. 그런데도 아직 시골구석에 살아남아서 구차하게 생명을 연장하고 있으니, 이는 임금의 너그러운 은혜가 아니겠는가!

걱정이 조금 진정되고 나서, 지난 전쟁을 생각하니 황송스럽고 부끄러워 몸 둘 바를 모르겠다. 이에 한가로운 틈을 타서 그때 내가 보고 들은 일들을 대략 기술하니, 1592년(임진년, 선조 25년)에서 1598년(무술년, 선조 31년) 사이의 일들이다. 또 장狀, 계啓, 소疏, 차자箚子, 문文, 이移, 잡록雜錄을 그 뒤에 붙였는데, 비록 보잘것없지만 모두 그 당시의 일과 관련된 사적들이라 버릴 수가 없었다.

이것으로 내가 전원에 있으면서도 정성을 다해 나라에 충성하고자 하는 뜻을 나타내고, 또한 어리석은 신하로서 나라를 위해 아무 공도 세우지 못한 나의 죄를 드러내고자 한다.

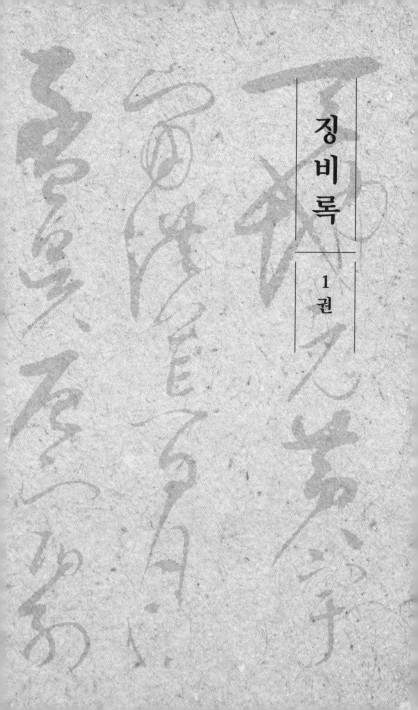

징비록

1권

1장

전란 전 일본과의 관계

만력[1] 1586년(병술년, 선조 19년)에 일본의 사신 다치바나 야스히로가 일본의 국왕 도요토미 히데요시[2]의 편지를 가지고 우리나라에 왔다.

 그보다 2백 년 전쯤인 홍무[3] 초기(고려 공민왕 17년에 해당)에 일본 국왕 겐지가 일본에 나라를 세우고 우리나라와 외교 관계를 맺기 시작했는데, 처음에는 우리나라에서도 사신을 보내 축

---

1) 명나라 신종의 연호.
2) 국왕이라고 했으나 사실은 관백이었음. 관백은 천황 밑에서 국정을 총괄하던 최고 관직임.
3) 명나라 태조의 연호.

하하고 조문하는 예절을 갖추었다. 신숙주가 서장관[4]으로 일본을 왕래한 것이 그 하나의 예다. 훗날 신숙주가 세상을 떠날 무렵 성종께서 "할 말이 있는가?"라고 물으셨는데, 그때 신숙주가 이렇게 대답했다.

"원컨대 일본과의 우호 관계를 깨뜨리지 마옵소서."

성종께서는 신숙주의 말에 느낀 바가 있어 일본과 우호 관계를 다지기 위해 부제학[5] 이형원과 서장관 김흔을 사신으로 보내 화목을 유지하려 했으나, 이들은 거센 풍랑에 시달려 대마도에 이르러서는 병에 걸리고 말았다. 이러한 상황을 보고하자 성종은 편지와 예물을 대마도 도주島主에게 전하고 돌아오도록 명했다. 이후로는 우리 쪽에서 다시는 사신을 보내지 않았고 일본에서 사신이 올 때에만 예절을 갖추어 대접했을 따름이었다.

그즈음 도요토미 히데요시가 겐지를 대신해 그 나라의 국왕이 되었다. 어떤 이는 도요토미 히데요시란 자에 대해 말하기를 "본래 명나라 사람으로서 왜국으로 흘러 들어가 나무를 해다 팔아서 살았는데, 어느 날 그 나라 왕이 외출을 했다가 길에서 우연히 그를 보고는 보통 사람이 아니라고 여겨서 군대에 편입시켰다고 한다. 그는 힘이 세고 전투를 잘하여 공을 쌓아서 대관 자리에까지 이르게 되었다. 마침내 권력을 잡게 되자 겐지의

---

4) 외국에 보내는 사신에게 딸려 보내는 임시 벼슬.
5) 홍문관의 정3품 당상관.

자리를 빼앗아 왕이 되었다"고 말했다. 또 어떤 이는 "겐지가 다른 사람에게 죽임을 당하자 도요토미 히데요시가 그 사람을 죽이고 나라를 차지했다"라고도 했다.

그는 무력으로 일본의 여러 섬을 평정하여 일본 내의 66주를 하나로 통합한 뒤 마침내 외국을 침략할 뜻을 품었다. 그리하여 "우리는 번번이 조선에 사신을 보내는데, 조선에서는 우리에게 사신을 보내지 않으니 이는 우리를 업신여기는 것이다"라고 말했다. 그 후 다치바나 야스히로를 통해 우리에게 통신사를 보내 달라고 요구했다. 다치바나 야스히로가 가지고 온 그 서신의 표현은 매우 거만했는데 '이제 천하는 짐의 손아귀에 들어왔다'라는 표현까지 있었다.

당시는 겐지 왕조가 망한 지 대략 10여 년이 지난 즈음이었다. 그 사이에도 일본 여러 섬의 왜인들이 해마다 우리나라를 오갔으나, 도요토미 히데요시의 엄중한 명령을 두려워하여 이러한 사실을 조금도 누설하지 않았기 때문에 우리 조정에서는 전혀 알지 못하고 있었다.

다치바나 야스히로는 그때 나이가 50세 남짓이었는데, 몸집이 크고 수염과 머리카락은 반백이었다. 그는 머무르는 곳마다 반드시 가장 좋은 방에 거처하고 행동이 거만스러워, 보통 때의 왜국 사신과는 아주 딴판이었다. 그래서 그를 보는 사람들은 자못 괴상하게 여겼다.

예로부터 왜국에서 사신이 오면, 그들이 지나는 고을에서는 으레 민정을 동원해 장정들은 창을 잡고 길가에 늘어서 군대의 위엄을 보이곤 했다. 다치바나 야스히로가 인동 고을을 지날 때, 창을 잡고 있는 장정들을 곁눈질로 보고는 비웃으며 말하기를, "너희들이 가진 창의 자루가 너무 짧구나"라고 했다.

다치바나 야스히로가 상주에 도착하자 목사 송응형이 기생들을 동원해 성대한 잔치를 베풀어 그를 대접했다. 야스히로는 허약하고 늙은 송응형을 보고 역관을 시켜 말하기를, "이 늙은이는 여러 해 동안 전쟁을 치르느라 이렇게 수염과 머리칼이 다 희어졌지만, 귀공께서는 기생들의 춤과 노래 속에서 아무 격정 없이 지냈는데도 머리칼이 희게 된 것은 무슨 까닭입니까?"라고 말하며 송응형을 비꼬았다.

다치바나 야스히로가 한양에 도착하니 예조판서가 잔치를 베풀어 대접했는데, 잔치가 무르익을 즈음에 술에 취한 다치바나 야스히로가 연회석에 후추나무 열매를 뿌리자 기생과 악공들이 달려들어 줍느라 소란스러워졌다. 다치바나 야스히로가 숙소에 돌아와서 탄식하며 역관에게 말하기를, "너희 나라는 망할 것이다. 아랫사람들의 기강이 이미 허물어졌으니 어찌 망하지 않기를 바라겠는가?"라고 했다.

다치바나 야스히로가 돌아갈 때 우리 조정에서는 다만 그가 가지고 온 서장에만 회답하고 바닷길을 잘 모른다는 핑계로 사신은 보낼 수 없다고 했다. 다치바나 야스히로가 일본으로 돌아가서 사실대로 보고하자, 도요토미 히데요시는 크게 노하여 다치바나 야스히로와 그 일족을 모조리 없애버렸다.

다치바나 야스히로는 자신의 형과 함께 우리나라를 왕래하며 우리 조정에서 내린 직명까지 받았다. 그래서 그의 보고 내용이 자못 우리나라를 두둔하는 투였기 때문에 도요토미 히데요시가 그를 처형한 것이라 한다.

일본국 사신 소 요시토시[6]가 우리나라에 왔다.

도요토미 히데요시는 다치바나 야스히로를 처형한 뒤 소 요시토시를 보내 통신사를 보내주기를 다시 요청했다. 소 요시토시는 그 나라 군권을 주관하는 주병 대장인 고니시 유키나가의 사위로 도요토미 히데요시의 심복이었다.

원래 대마도 태수는 소 모리나가로, 그는 대대로 대마도를 통치하면서 우리나라를 섬겨 왔다. 그런데 도요토미 히데요시가 소 모리나가를 내쫓고 소 요시토시에게 대마도의 정무를 대신 주관하도록 조치했다. 그 무렵 우리나라에서는 바닷길에 익숙하지 못하다는 이유로 통신사 파견을 거절했으므로 도요토미

---

6) 소 요시토시는 1588년(무자년, 선조 21년)에 우리나라에 옴.

히데요시는 소 요시토시를 보내고 거짓으로 "소 요시토시는 대마도 도주의 아들이므로 바닷길에 매우 익숙합니다"라고 전했다. 그러고는 통신사를 그와 함께 보내라고 요구했다. 도요토미 히데요시는 그렇게 우리나라가 통신사 파견을 거절할 구실을 찾지 못하도록 했다. 또 그 기회에 우리나라의 실정을 엿보기 위해, 다이라 시게노부[7]와 승려 겐소를 같이 보냈다.

소 요시토시는 나이는 어려도 날렵하고 사나워서 다른 왜인들이 모두 그를 두려워했고, 그의 앞에서는 항상 허리를 잔뜩 굽히고 무릎으로 기어 다니다시피 하면서 감히 얼굴을 쳐다보지도 못했다. 소 요시토시는 동평관[8]에 오랫동안 머물면서 반드시 우리나라 사신과 함께 가겠다고 했다. 우리 조정에서는 그의 요구에 응하자는 의견과 그에 반대하는 의견이 대립해서 결정을 내리지 못하고 있었다.

그보다 몇 해 전에 왜적들이 전라도 고흥군의 손죽도에 쳐들어와서 그곳을 지키던 장수 이대원을 죽였는데, 그때 생포된 왜적이 "조선의 변방 백성인 사을배동이란 자와 그의 무리들이 자신들의 나라를 배반하고 일본으로 들어와서 우리를 인도하여 함께 쳐들어갔다"라고 말했다. 이 말을 들은 우리 조정은 몹시 분개하고 괘씸하게 생각했다. 그때 누군가 "일본에게 우리

---

7) 야나가와 시게노부를 말한다.
8) 일본 사신이 와서 머무르던 숙소로 지금의 서울 종로구 인사동에 있었음.

나라를 배반하고 일본으로 들어간 백성들을 다시 우리나라로 돌려보내도록 요구합시다. 그 일이 성사된 후에 통신사 문제를 논의하겠다고 해, 그들의 성의가 어느 정도인지 알아보는 것이 좋겠습니다"라고 의견을 내놓았다. 그래서 동평관의 대접을 맡고 있는 관원을 시켜 그러한 뜻을 넌지시 전했다.

소 요시토시는 "그것은 어렵지 않은 일이오"라고 하고는 곧바로 다이라 시게노부를 본국으로 보내 사실을 보고하도록 하니, 두어 달도 채 못 되어 우리나라를 배반하고 왜국에 있던 백성 10여 명을 모두 끌고 와서 바쳤다.

임금께서는 인정전으로 나가셨고 군사들에게 무기를 들고 위세를 크게 떨치게 하셨다. 그리고 사을배동과 그 무리들을 묶어 뜰 안으로 끌고 와서 심문하신 뒤 성 밖에서 처형하도록 명령하셨다. 그런 다음 소 요시토시에게 궁중에서 직접 관리하는 말 한 필을 상으로 내리셨으며, 왜국 사신 일행을 직접 만나 연회를 베풀어주셨다. 소 요시토시와 겐소 등이 모두 대궐 안으로 들어와서 차례대로 임금께 술잔을 올렸다. 그때 나는 예조판서로 있었기에 그들 일행을 위해 예조에서 연회를 열어주었다.

그때에도 통신사 파견 문제는 여전히 결정하지 못한 채로 남아 있었다. 그러는 동안에 나는 대제학[9]에 올라 왜국에 보낼

---

9) 홍문관·예문관의 정2품 벼슬. 외국과 주고받는 외교 문서 등은 대제학이 맡아서 씀.

국서를 써야 했으므로, 임금께 글을 올려 "이 일을 서둘러 결정하셔서 두 나라 사이에 공연한 분쟁을 만들지 않도록 하시옵소서"라고 청했다. 이튿날 조강[10]에서 지사[11]와 변협[12] 등도 "통신사를 파견해서 그들에게 보답하도록 하고, 또 그들의 동정도 살펴보고 오는 것이 잘못된 계책은 아닐 것입니다"라고 아뢰었다.

그리하여 비로소 조정의 방침이 결정되었고 사신으로 보낼 만한 사람을 가리라는 어명이 내려왔다. 대신들이 첨지[13] 황윤길과 사성[14] 김성일을 각각 상사와 부사로 추천하고, 전적[15] 허성을 서장관으로 추천했다. 1590년(경인년, 선조23년) 3월, 마침내 통신사 일행이 소 요시토시 등과 함께 일본으로 떠났다.

그때 소 요시토시는 공작 두 마리와 조총·창·칼 등을 바쳤다. 임금께서는 공작을 남양 앞바다 섬에 놓아주라고 명하시고, 조총은 군기시軍器寺[16]에 내려보내셨다. 우리나라에 조총이 들어온 것은 그때가 처음이다.

---

10) 왕에게 경사를 가르치는 일. 강의가 끝난 뒤에는 국가의 중요한 문제에 대해 논의하기도 함.
11) 각 관서의 실무를 맡은 벼슬.
12) 조선 시대 무장.
13) 첨지 중추부사. 중추원에 속한 정3품 무관의 벼슬.
14) 성균관의 종3품직.
15) 성균관의 정6품직.
16) 무기의 제조와 관리를 맡았던 관아.

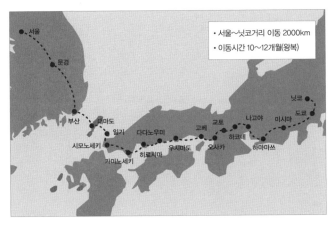

조선통신사가 지나는 길

1591년(신묘년, 선조 24년) 봄에 일본으로 갔던 황윤길과 김성일이 돌아왔다. 왜인 다이라 시게노부와 겐소가 함께 왔다.

황윤길 일행은 1590년 4월 29일에 부산포에서 배를 타고 출발해 대마도에 이르렀고 한 달 동안 머문 다음 대마도에서 다시 뱃길로 40여 리를 가서 일기도에 이르렀다. 그 후 박다주·장문주·낭고야를 지나 7월 22일에야 비로소 일본의 수도에 이르렀다. 왜인들이 의도적으로 우회하고 또 이르는 곳마다 시간을 지체했기 때문이다.

대마도에서 소 요시토시는 우리 사신들을 산사에 초대해 연회를 베풀었다. 사신들이 모두 연회 장소에 앉아 있는데, 소 요

조선 통신사 행열도(국사편찬위원회 소장)

시토시가 뒤늦게 가마를 탄 채로 들어와서는 뜰 앞에 이르러 가마에서 내렸다. 이에 김성일이 노해 말하기를 "대마도는 우리나라의 번신[17]이다. 우리가 왕명을 받들고 왔는데, 어찌 감히 이렇게 무례하게 군단 말인가. 나는 이 연회를 받을 수 없다" 하고는 곧바로 자리에서 일어나 밖으로 나왔고 허성 등도 따라 나왔다. 그러자 소 요시토시는 가마를 메고 온 하인들에게 그 허물을 덮어씌워 그들을 죽이고, 그들의 머리를 베어 가지고 와서 사죄했다. 이런 일이 있은 뒤로는 왜인들이 김성일을 공경하고 두려워해 더욱 극진히 대우하고, 그가 멀리서 바라보기만 해

---

17) 왕실을 받들어 호위하는 신하. 대마도는 해마다 우리나라에 조공을 바치는 번신이었다. 우리 조정에서 대마도 도주에게 관직을 내리기도 했음.

도 말에서 내렸다.

왜의 수도에 이르러서는 큰 사찰을 숙소로 정했다. 이때 마침 도요토미 히데요시가 동산도를 공략하러 나가고 수도에 없었다. 그들은 두어 달 동안이나 그냥 머물러 있었으며, 도요토미 히데요시가 돌아온 후에도 궁을 수리한다는 핑계를 대고 우리의 국서를 곧바로 받지 않았다. 계속 숙소에 머물러 있다가 5개월 만에야 비로소 왕명을 전달할 수 있었다.

그 나라에는 천황이라는 신분이 있는데 도요토미 히데요시를 비롯한 모두가 천황 앞에서는 신하의 예를 갖추었다. 그 나라에서는 도요토미 히데요시를 '왕'이라 일컫지 않고 다만 '관백'이라고 부르거나 '박륙후'[18]라고 불렀다. 관백이란 "모든 정사를 먼저 곽광에게 보고한 뒤에야 천자에게 아뢴다"는《한서》〈곽광전〉의 말에서 따와 호칭으로 삼은 것이다.

그들이 우리 사신을 대접할 때에는 사신들이 가마를 탄 채로 그들의 궁궐에 들어와도 좋다고 허락했다. 그래서 날라리와 피리를 앞세우고 들어가서 당에 올라가 예를 차렸다.

도요토미 히데요시는 왜소하고 못생겼으며 낯빛이 검어 보통 사람과 크게 다른 특이한 데는 없었으나, 다만 눈빛만은 번쩍번쩍하여 어딘지 모르게 사람을 쏘아보는 것처럼 느껴졌다

18) 한나라 대장군 곽광에게 봉한 작명.

고 한다.

우리 사신들을 영접할 때 그는 사모를 쓰고 검은 도포를 입은 채 삼중석에 앉아 남쪽을 바라보았다. 신하 몇몇이 그의 곁에 있다가 우리 사신들을 인도해 자리에 앉도록 했다. 연회에 필요한 그릇이나 물건은 갖추지도 않았고 그저 탁자 하나가 있었으며, 그 한가운데에 떡 한 그릇이 놓여 있었을 뿐이었다. 질그릇 사발에 술을 부어 돌렸는데 그 술도 탁주였다. 그 '예'라는 것이 매우 간략해 두어 차례 술잔을 돌리고는 그만이었다. 절하고 읍하며 서로 술잔을 주고받는 절차도 없었다.

잠시 후에 도요토미 히데요시가 갑자기 일어나서 안으로 들어갔다. 자리에 있던 사람들은 아무도 움직이지 않았다. 얼마 후 어떤 사람이 평상복 차림으로 어린애를 안고 나와 당 안을 왔다 갔다 하기에 쳐다보니 바로 도요토미 히데요시였다. 그 자리에 있던 사람들은 그저 고개를 숙이고 엎드려 있을 따름이었다. 이윽고 도요토미 히데요시가 마루에 앉더니, 우리나라 악공을 불러 여러 가지 음악을 성대하게 연주토록 했다. 잠시 후 도요토미 히데요시는 어린애가 오줌을 쌌다고 웃으며 시중드는 사람을 불렀다. 한 여자가 들어와 어린애의 옷을 갈아입히는데 그 광경은 참으로 방자했고 안하무인이었다.

우리 사신은 그 자리를 물러 나온 후로는 다시는 도요토미 히데요시를 볼 수 없었는데, 그는 상사와 부사에게 은 400냥씩을 선물했고, 서장관과 역관 이하의 수행원에게까지도 등급에 따라 차이를 두어 은을 선물했다.

우리 사신이 돌아갈 때가 다가오는데도 그가 답서를 주지 않자, 김성일은 "우리는 사신으로서 국서를 받들고 왔다. 때문에 답서를 받지 않고 돌아간다는 것은 왕명을 풀밭에 내버리고 가는 것과 같다"라고 말하며 항의했다.

그러나 상사인 황윤길은 더 머물게 할까 두려워, 서둘러 출발해 계빈[19]으로 가서 답서를 기다렸다. 얼마 후 답서가 겨우 오기는 했으나 그 내용이 거칠고 거만해 우리가 바라던 것과는 크게 달랐다. 김성일은 그 답서를 받지 않고 몇 차례 개정을 요청한 뒤에야 받아서 떠났다. 일행이 지나는 곳에 여러 왜인들이 나와 선물을 주었지만 김성일은 그것을 모두 받지 않았다.

황윤길은 부산포에 도착하자 "반드시 전쟁이 일어날 것입니다"라고 일본의 정세를 시급히 보고했다.

사신 일행은 한양으로 돌아왔다. 임금께서 그들에게 물으시니 황윤길은 먼저 말한 것처럼 반드시 전쟁이 일어날 것이라고 대답했고, 김성일은 "신은 그러한 일이 일어날 징조를 보지 못했습니다"라고 했다. 이어 황윤길이 "인심을 동요하는 것은 타당한 일이 아닙니다"라고 말했다. 그리하여 조정 신하들 중 일

---

19) 현재 일본의 사카이시를 가리킴.

부는 황윤길의 말을 지지했고 일부는 김성일의 말을 지지했다.

내가 김성일에게 "그대의 말은 황윤길의 말과 다른데 만일에 전쟁이 일어나게 된다면 장차 어떻게 할 것인가?" 하고 물었다. 그러자 김성일이 "저 역시 어찌 왜적이 끝내 움직이지 않을 것이라고 장담하겠습니까. 다만 황윤길의 말이 너무 지나쳐 조정 안팎이 놀라고 당황할 것이므로 그 점을 우려해 그리 말했을 뿐입니다"라고 했다.

그때 가져온 왜의 답서에는 "군사를 거느리고 조선을 뛰어넘어 명나라로 쳐들어가겠다"라는 내용이 적혀 있었다.

나는 "즉시 자세한 내용을 갖추어서 명나라 조정에 보고해야 될 것입니다"라고 주장했다. 그런데 영의정[20]은 생각이 달랐다. 영의정은 "명나라 조정에서 우리가 왜국과 몰래 내통한다고 여길 수도 있으니 차라리 덮어두는 것이 좋습니다"라고 했다.

그래서 나는 다음과 같이 주장했다.

"하나의 국가로 존립하면서 이웃 나라와 왕래하는 것은 당연한 일입니다. 일찍이 성화[21] 무렵 일본은 명나라에 대한 조공 때문에 우리나라에 도움을 청했습니다. 우리나라는 곧바로 명나라에 칙서[22]를 내려 회유했습니다. 그 일도 이처럼 전례가

---

20) 당시 영의정은 이산해였음.
21) 명나라 헌종의 연호.
22) 임금이 특정인에게 훈계하거나 알릴 내용을 적은 글이나 문서.

있는 일로서 오늘날 처음 있는 일이 아닙니다. 지금 이 사실을 알리지 않는다면 대의에 비추어 보아도 옳지 않고 또 왜적이 만약 실제로 명나라를 침범할 계획이 있는데 이 사실이 다른 경로를 통해 알려지게 된다면, 명나라 조정에서는 도리어 우리나라가 왜국과 한 마음이 되어 사실을 숨겼다고 의심할 것입니다. 그렇게 되면 그 책망은 명나라 조정이 모르는 가운데 우리가 왜국에 통신사를 보냈다는 정도로 그치지 않을 것입니다."

조정에서는 내 의견에 찬성하는 사람이 많았다. 그래서 김응남 등을 서둘러 파견해 명나라 조정에 사실을 보고하도록 했다.

그때 명나라의 복건성 사람 허의후와 진신 등이 왜국에 포로로 잡혀 있었는데, 이미 왜국의 그러한 정세를 비밀리에 본국에 알렸다. 이어서 유구국[23]의 세자 상녕도 잇따라 명나라로 사신을 보내 왜국의 소식을 보고했다. 그런데 유독 우리나라 사신만 명나라에 가지 않았으므로, 명나라 조정은 우리가 왜국과 내통이라도 하고 있지 않은가 의심해 떠들썩하던 참이었다. 각로[24] 허국만이 사신으로 우리나라를 다녀간 일이 있던 터라 홀로 우

---

23) 현재의 대만을 지칭하는 단어로 추정됨.
24) 명나라 때 재상 또는 한림학사 중 황제의 명령서를 작성하는 사람을 일컬음.

리를 두둔해 "조선은 지성으로 우리나라를 섬겨 왔으므로 반드시 왜국과 한패가 되어 배반하지는 않을 것이니 우선 기다리도록 합시다"라고 말했다.

얼마 후에 김응남을 비롯한 사신이 도착하자 허국이 크게 기뻐했고 명나라 조정의 의심도 그제야 말끔하게 사라졌다.

2장

우리의 국방 태세와 이순신의 기용

우리 조정에서는 왜국이 어떻게 나올지 걱정하기 시작했다. 그래서 국경 수비에 밝은 정3품 이상의 신하들을 뽑아 경상도·전라도·충청도를 순찰하며 방비하도록 했다. 김수를 경상 감사로 삼고, 이광을 전라 감사로 삼으며, 윤선각을 충청 감사로 삼아 무기를 준비하고 성을 고쳐 짓게 했다. 그중에서도 경상도에 특히 많은 성을 쌓았는데 영천·청도·삼가·대구·성주·부산·동래·진주·안동·상주의 병영을 새로 쌓기도 하고 더 크게 늘려 짓기도 했다.

당시는 오랫동안 전쟁 없이 편안하게 살아왔던 터라 온 나라가 평화로움에 젖어 백성들은 힘든 일에 동원되는 것을 기피했다. 그래서 그러한 갑작스러운 공사에 동원된 백성들은 불평을 늘어놓았다.

합천 사람인 이로는 나와 같은 해에 합격해 정6품인 전적을 지냈다. 그는 나에게 편지를 보내 "성을 쌓는 것은 적절하지 않다"라고 했다. 또 "삼가 고을은 정암진[1]이 앞을 막고 있으니 왜적이 날아서 건너겠는가. 무엇 때문에 공연히 성을 쌓느라고 백성들을 괴롭히는가"라고 했다. 만 리나 되는 큰 바다로도 왜적을 막아 내지 못하는데 허리띠처럼 좁은 강물 한 줄기를 왜적이 쉽게 건너오지 못할 것이라고 단정하다니 참으로 어리석은 생각이다. 이로의 계획이 야무지지 못한 것은 물론이지만 그 당시 다른 사람들의 의견도 대체로 그와 같았다. 홍문관에서도 글을 올려 논란이 일었다.

그러나 그 당시에 경상도와 전라도에 쌓은 성은 모두 성으로서의 기능을 하지 못하고 그저 넓고 또 클 뿐이었다. 예를 들면 진주성과 같은 경우에는 본래 험한 지형을 이용해 만든 성이기 때문에 쉽게 방어할 수가 있었는데, 성이 작다고 해 동쪽에 있는 평지로 옮겨 쌓았고 그 후에 왜적이 새로 쌓은 곳을 통해 성안으로 들어와 결국 성을 지키지 못했으니 참으로 답답한 노릇이었다.

대체로 성은 작더라도 튼튼하게 쌓아야 제 기능을 할 수 있

---

1) 낙동강 지류인 남강에 있는 나루로 함안군에서 의령군으로 갈 수 있었음.

는데, 오히려 크지 않음을 걱정해 크게 만드는 것에만 힘을 쏟은 것이다. 그 당시의 의식이 그런 편이었다. 군사 정책에 있어서도 병법 활용, 장수를 선발하는 요령, 군사를 훈련하는 방법 등과 같은 근본적인 문제가 제대로 정돈이 되지 않아서 결국 전쟁에 패하고 만 것이다.

조정에서 정읍 현감으로 있던 이순신을 전라좌도 수군절도사로 삼았다.

　이순신은 담력과 지략이 있었으며 말타기와 활쏘기를 잘했다. 일찍이 그는 조산[2]의 만호[3]로 있었는데 그 무렵 북쪽 국경 부근에 분쟁이 많았다. 이순신이 나라를 배반한 오랑캐 우을기내를 계책으로 유인해서 잡은 뒤 병영으로 보내 베어 죽이자 그 후로는 오랑캐들의 침범이 그쳤다.

　당시 순찰사[4] 정언신이 이순신에게 두만강 하류 녹둔도에 있는 둔전[5]을 지키도록 했다. 안개가 자욱한 어느 날, 군사들이 모두 추수를 하러 나가고 울타리 안에는 단지 10여 명만 남아 있었다. 그때 갑자기 오랑캐의 기병들이 사방에서 모여들었는

---

2) 함경북도에 있는 마을.
3) 무관직의 하나로 조선시대 각 도의 여러 진에 딸린 종4품의 군직.
4) 각 도 안의 군사 업무를 순찰하는 벼슬.
5) 지방에 주둔하는 군대의 군량이나 관청의 경비로 쓰기 위해 경작하던 전지.

데, 이순신이 울타리 문을 닫고 안에서 유엽전[6]을 쏘아 적 수십 명을 말에서 떨어뜨리자 오랑캐들은 놀라서 도망쳤다. 이순신이 그것을 보고 울타리 문을 열고 나가 크게 소리치며 추격하자, 오랑캐 무리는 혼비백산하고 말았다. 이순신은 오랑캐들이 약탈해 갔던 것들을 모두 되찾아서 돌아왔다.

그 외에도 이순신의 공은 많았다. 그렇지만 그를 추천하는 사람이 없어서 무과에 오른 지 10여 년 만에야 비로소 정읍 현감이 되었다.

그 당시 왜적이 쳐들어온다는 소식이 나날이 전해지자, 임금께서는 비변사[7]에 명을 내리셔서 장수가 될 만한 인재를 추천하라고 명하셨다. 그래서 내가 이순신을 천거했고 드디어 정읍 현감에서 수군절도사로 차례를 뛰어넘어 임명되자 그의 갑작스러운 승진에 대해 의아하게 여기는 이도 있었다.

당시 조정에 있는 무장 중에는 신립과 이일의 이름이 가장 널리 알려져 있었고, 경상 우병사 조대곤은 나이가 들고 용맹성도 떨어졌으므로 신망을 잃고 있었다. 그래서 나는 경연에서 조대곤 대신 이일을 경상 우병사로 삼자고 아뢰었다. 그러자 병조판서 홍여순이 반대하며 "뛰어난 장수는 마땅히 한양을 지키게

---

6) 살촉이 버들잎처럼 생긴 화살.
7) 군국기무를 총괄하는 기구로 중종 때에 임시 보강기구로 창설되었으며 임진왜란 때에는 군사와 통합됨.

수책거적도(고려대학교박물관 소장)
녹둔도(두만강 하류에 있던 섬)에서 펼쳐진 이순신의 활약을 그린 그림이다.

해야 합니다. 이일은 보낼 수 없습니다"라고 했다.

나는 다시 "모든 일은 미리 준비해야 합니다. 하물며 군사를 정돈해 방어하는 일은 갑작스럽게 처리할 수 없습니다. 적이 쳐들어오면 결국 이일을 보내지 않을 수 없으니, 이왕 보내려면 차라리 하루라도 일찍 보내 준비시킴으로써 적의 침략에 대비하는 것이 유리할 것입니다. 일이 닥치고 나서 갑자기 다른 곳의 장수를 내려보낸다면 그 도道의 사정에도 밝지 못하고, 또한 군사들 각각의 능력도 알지 못하니 이것은 군사 전략에 없는 것이므로 반드시 후회하게 될 것입니다"라고 아뢰었으나 임금께서는 대답이 없으셨다.

나는 또 비변사를 비롯한 여러 사람들과 의논하고, 예전에 시행했던 진관법을 되살려서 군사를 배치하자고 아뢰었는데 그 내용은 대략 다음과 같다.

우리나라 건국 초기에는 각 도의 군사들이 모두 진관에 나누어 소속되어 있어 무슨 일이 생기면 진관이 진陣[8]에 소속된 읍의 군사들을 통솔하도록 했습니다. 경상도의 경우를 예로 들면, 김해·대구·상주·경주·안동·진주 그렇게 여섯 곳이 진관으로 되어 있으니, 설사 적병이 쳐들어와 한 진이 싸움에서 패하더라도 다른 진이 차례로 군사들을 다잡아 굳게 지켰기 때문에 한꺼번에 무너지지는 않습니다.

그런데 지난번 1555년(을묘년, 명종 10년)의 왜변[9] 후에 김수문이 전라도에 있으면서 처음으로 군사 편제를 개정하기 시작했습니다. 도내의 여러 고을을 나누어, 순변사·방어사·조방장·도원

---

8) 전투 대형을 갖추고 있는 군부대.
9) 1555년에 왜적이 전라도 남쪽 지방을 침범한 사건.

수와 그 도의 병마절도사와 수군절도사에게 나누어 소속시키는 방식인데 그것을 '제승방략'이라고 했습니다. 다른 여러 도에서도 모두 이를 본받았습니다.

그리하여 '진관'이라는 명칭은 남아 있으나 실제로는 서로 연결이 잘 되지 않았으므로, 위급한 사태가 생기면 군사들이 한꺼번에 출동하게 되고 장수도 없는 군사들이 들판 가운데 모여 천 리 밖에서 장수가 오기만을 기다리게 된 것입니다. 만약 장수가 제때에 오지 않고 적군의 선봉이 먼저 닥친다면 군사들은 패전할 수밖에 없습니다. 군대가 한번 무너지면 다시 수합하기가 어렵습니다.

그 뒤에 장수가 오더라도 누구와 함께 전투를 하겠습니까. 그러니 선조들이 썼던 진관법을 재정비하는 것이 좀 더 유리할 것입니다. 이 제도는 평상시에는 훈련을 시키기 쉽고 일이 생겼을 때에는 병사를 즉시 불러 모을 수가 있으며, 또 가까이 있는 진과 관이 서로에게 힘이 되어 갑자기 맥없이 무너지는 지경에 이르지 않을 것입니다.

이 사안을 경상도에 내려보내자 경상 감사 김수는 "제승방략을 시행해 온 지 오래되었으니 갑자기 바꿀 수는 없습니다"라고 했다. 결국 나의 건의는 폐기되고 말았다.

1592년 봄에 신립과 이일을 파견해 지방의 수비 태세를 순시하도록 했다.

　이일은 충청도·전라도로 가고, 신립은 경기도·황해도로 갔다. 그들은 한 달이 지난 뒤에야 돌아왔는데, 점검한 것은 활·화살·창·칼 같은 것뿐이었다. 각 고을에서는 그저 문서의 형식만 갖추어 법을 피하려고만 하고 방어에 관해 달리 좋은 계책이 없었다.

　신립은 본래 성질이 잔인하고 포악하다는 평판이 있었다. 그는 가는 곳마다 사람을 죽여 자신의 위엄을 세웠다. 각 고을의 수령들이 그를 두려워해 백성들로 하여금 그가 지나갈 길을 닦게 하고 연회도 지나칠 정도로 베푸니 어떤 대신들의 행차도 그보다는 못할 정도였다.

　4월 초하루에 지방 순시를 마치고 돌아와 임금께 보고했다. 신립이 집으로 나를 찾아왔다. 내가 그에게 "머지않아 전쟁이 일어나면 공이 마땅히 군사를 맡아야 할 것이오. 공의 생각에는 오늘날 적의 군사력이 어떻다고 보시오?"라고 물었다. 신립은 매우 가볍게 여기고 대답하기를 "그것은 걱정할 것이 없습니다"라고 했다.

　내가 "그렇지가 않소. 예전에는 왜적이 칼·창만 믿고 있었지만 지금은 조총과 같은 좋은 무기도 있으니 가벼이 볼 수는 없을 것이오"라고 말했다. 그러자 신립은 거침없이 "조총이 있다고 하더라도 어찌 쏠 때마다 다 맞힐 수가 있겠습니까"라고 했다.

나는 "우리나라가 전쟁을 안 한 지 매우 오래되어 군사들이 나약해져 있으니 실제로 전쟁이 일어난다면 버티기 어려울 것이오. 내 생각으로는 몇 해 뒤에 군사들이 강해진다면 난亂을 수습할 수 있겠지만 지금으로서는 매우 걱정이 되오"라고 했다. 그러나 신립은 더는 내 말을 듣지 않고 가버렸다.

신립이 1583년(계미년, 선조 16년) 온성 부사로 있을 때의 일이었다. 오랑캐들이 종성을 포위하자 신립이 달려가서 구원했다. 그때 그는 겨우 10명 남짓한 기병과 돌진해 오랑캐들을 물리쳤다. 조정에서는 신립을 장숫감으로 여겨 그를 승진시켜 북병사[10]로 삼았다가 다시 평안 병사로 승진시키고, 얼마 안 되어 품계를 정2품 자헌대부로까지 올려 주었다. 병조판서를 욕심 낼 정도가 된 그는 잔뜩 자신감에 차서 마치 옛날 조나라의 조괄[11]이 진나라를 업신여기던 것처럼 그 어떤 두려움도 느끼지 않게 되었다. 그러자 견식이 있는 사람들 모두 그를 염려했다.

---

10) 조선 시대 때 함경도의 '북도 병마절도사'를 일컫는 말.
11) 중국 전국시대 조나라 사람. 병법을 배워 천하에 자신을 당할 사람이 없다고 자부하다가 진나라 장수 백기에게 격파되어 죽음.

일전해위도(고려대학교박물관 소장)

함경북도 온성에서 펼쳐진 신립의 활약을 그린 그림이다.

3장

임진왜란의 발발과 서전緖戰의 붕괴

왕명으로 경상 우병사 조대곤을 해임하고 승지 김성일이 그를 대신하게 하자 비변사가 "김성일은 문신이므로 이러한 때 장수로서의 임무에는 적합하지 않습니다"라고 아뢰었으나 임금께서는 듣지 않으셨다. 김성일은 결국 하직 인사를 드리고 임지로 떠났다.

4월 13일에 왜적이 국경을 침범해 부산포가 함락되고 첨사 정발이 전사했다.

왜국의 사신 다이라 시게노부, 겐소 등이 우리 통신사와 함께 우리나라로 와서 동평관에 머무르고 있을 때의 일이었다. 비변

사에서 황윤길과 김성일 등이 그들에게 술자리를 베풀어 위로
하면서 그 나라의 정세를 살핀 다음 방비할 계책을 마련하자고
임금께 청하자 이를 허락하셨다.

김성일이 동평관에 이르자 겐소가 "명나라가 오랫동안 일본
과 관계를 끊고 조공할 길을 터주지 않아 도요토미 히데요시가
그것을 분하게 여겨 전쟁을 일으키려고 합니다. 그러니 조선에
서 먼저 그러한 사정을 명나라에 알려 조공할 길이 열리게 된
다면 조선도 평안할 것이고 일본 66주의 백성 또한 전쟁의 고
통을 면하게 될 것입니다"라고 은밀하게 말했다.

이에 김성일 등이 대의로써 그들을 책망하고 타이르자 겐소
는 더욱 방자하게 굴며 "예전에 고려가 원나라 군사를 인도해
서 우리를 공격한 적이 있었으니 이때의 원수를 갚으려고 하는
것은 당연한 일입니다"라고 거칠게 말했다. 그런 일이 있은 뒤
로 다시는 그들을 방문하지 않았고, 얼마 후 다이라 시게노부와
겐소는 돌아가버렸다.

1591년 여름에 소 요시토시가 또 부산포에 와서 그곳 장수들
에게 "일본이 명나라와 외교 관계를 맺고자 하는데 조선이 그
뜻을 명나라에 전한다면 다행스러운 일이나 그렇지 않다면 두
나라의 우호 관계는 장차 깨지게 될 것입니다. 이것은 중대한
일이기 때문에 미리 와서 알리는 것입니다"라고 말했다.

장수들이 그것을 조정에 알렸으나, 당시 조정의 여론은 왜국

에 통신사를 파견한 것이 잘못이었다고 후회하고 또 그들의 무례함을 탓할 뿐 회답하지 않았다.

소 요시토시는 열흘 넘게 배를 대고 머물러 있다가 불쾌한 마음을 안고 돌아가버렸다. 그 뒤로는 왜인들이 들어오지 않았다. 부산포와 왜관[1]에 머물던 왜인들도 차츰 제 나라로 돌아가 관이 거의 텅 비게 되자 사람들은 그를 이상하게 여겼다.

4월 13일, 왜적의 군함이 대마도로부터 새까맣게 바다를 덮으며 몰려와 그 끝이 보이지 않을 정도였다.

부산 첨사 정발은 마침 부산 앞바다에 있는 절영도에 나가 사냥을 하다가 그 광경을 보고는 허둥지둥 성으로 들어왔다. 그러나 왜적은 이미 상륙해 사방에서 구름같이 모여들었고 삽시간에 성이 함락되고 말았다. 경상 좌수사 박홍은 적의 세력이 너무나 큰 것을 보고 감히 군사를 움직여 싸워 볼 엄두도 내지 못한 채 성을 버리고 달아나버렸다.

왜군은 군사를 나누어 서평포와 다대포를 함락했고 다대포 첨사 윤흥신은 힘껏 싸우다가 전사했다.

경상 좌병사 이각은 그 소식을 듣고 병영에서 동래로 들어왔는데, 부산포가 함락되었다는 소식을 접하자 몹시 당황한 기색

---

1) 우리나라에 온 일본인들이 외교 업무나 무역을 하도록 설치한 관사.

이 역력했다. 그는 다른 부대와 협공을 논의하겠다는 핑계를 대고 성에서 나가 소산역[2]으로 물러나 진을 쳤다. 부사 송상현이 자신과 남아서 함께 성을 지키자고 했으나 이각은 듣지 않고 성을 나갔다.

15일, 왜적은 동래성에 바싹 다가왔다. 송상현이 성의 남문에 올라가서 반나절 동안 군사들을 지휘했으나, 성은 함락되었고 송상현은 꿋꿋하게 앉은 채 적의 칼을 받고 죽었다. 왜인들도 그가 목숨을 걸고 성을 지키려 한 정신을 높이 사 그의 시체를 관에 넣어 성 밖에 묻고는 표지를 세워주었다.

동래성이 무너지자 다른 고을은 풍문만 듣고도 무너지기 시작했다.

밀양 부사 박진은 동래에서 빨리 돌아와 작원의 좁은 길을 막고 적을 방어하고자 했다. 적은 양산을 함락했고 작원으로 몰려와서 그곳을 수비하는 우리 군사들을 피해 산의 배후에 붙었다. 그러고는 개미 떼처럼 우르르 밀고 내려왔고 우리 군사들은 순식간에 무너졌다. 이에 박진은 밀양으로 서둘러 돌아가서 군기 창고에 불을 놓아 병기와 창고를 태우고는 성을 버리고 산으로 들어갔다.

이각은 다시 병영으로 돌아와서 제일 먼저 자신의 첩을 성에

---

2) 고려 시대와 조선 시대 부산 금정구 선두구동에 있던 역참.

부산진 순절도(육군박물관 소장)

동래부 순절도(육군박물관 소장)
왜군이 동래성을 함락하는 모습을 잘 보여 준다.

서 피란시켰다. 성안의 인심은 흉흉해지고 군사들은 하룻밤 사이에도 몇 번이나 술렁거렸다. 이각은 결국 새벽녘에 도망쳐버렸고 많은 군사들이 뿔뿔이 흩어지고 말았다.

왜적은 길을 나누어 승승장구하며 여러 고을을 잇따라 함락했다. 그러나 우리 중 누구도 맞서 싸우는 자가 없었다.

김해 부사 서예원은 성문을 닫고 성을 지켰다. 적이 성 밖에 있는 보리를 베어 참호[3]를 메우니 보릿단의 높이가 성과 같아져 적은 그것을 딛고 들어왔다. 초계 군수는 먼저 도주해버렸고 서예원도 뒤따라 도망치니 성은 결국 함락되고 말았다.

순찰사 김수는 진주성에서 적이 침범했다는 소식을 들었다. 그는 말을 타고 동래성으로 향했으나 중도에서 적병이 가까이 왔다는 소식을 접했다. 더 나아가지 못하게 된 그는 우도로 갔다. 그곳에서 그는 겨우 모든 고을에 격문을 보내 백성들에게 적을 피하라고 권고할 뿐이었다. 그 일로 온 고을이 텅 비게 되었고 어떤 대응도 할 수 없었다.

용궁 현감 우복룡이 마침 고을의 군사를 거느리고 병영으로 가고 있었다. 영천에 이르러 길가에서 식사를 하고 있었는데, 그때 방어사에 소속되어 상도를 향해 가는 하양의 군사 수백 명이 그 앞을 지나갔다. 우복룡은 군사들이 말에서 내리지 않은

---

3) 야전에서 몸을 숨기면서 적과 싸우기 위해 방어선을 따라 판 구덩이.

채 자신의 앞으로 지나가는 것을 괘씸하게 여겼다. 그래서 그들을 붙잡아 반란을 일으키려 한다며 트집을 잡고 꾸짖었다. 이에 하양 군사들이 병마절도사의 공문을 내보이며 자신들의 신분을 확인하도록 했다. 그러나 우복룡은 자신이 거느리고 있는 군사들을 움직여 그들을 모두 죽였다. 들판은 시체로 가득했다.

그런데 순찰사 김수는 우복룡이 도리어 공을 세운 것이라고 조정에 보고했다. 우복룡은 정3품 통정대부로 승진하고 급기야 정희적을 대신해 안동 부사가 되었다.

그 후 하양 군사들의 가족은 사또가 새로 부임할 때마다 말머리를 막고 원통한 사정을 호소했다. 그러나 그 당시 명성이 높았던 우복룡의 잘못을 인정하는 사람은 아무도 없었다.

4월 17일 이른 아침, 다급한 상황을 알리는 보고가 처음 조정에 도착했는데 그것은 좌수사 박홍이 올린 장계였다.

대신들과 비변사가 모두 빈청[4]에 모여 임금께 뵙기를 청했다. 그러나 허락되지 않았다. 그들은 다시 글을 올렸다. '이일'을 순변사로 삼아 중로[5]로 내려보내고, 성응길을 좌방어사로 삼아 좌도[6]로 내려보내고, 조경을 우방어사로 삼아 서로[7]로 내려보내고, 유극량을 조방장으로 삼아 죽령을 지키게 하고, 변

---

4) 조정의 대신이나 비변사의 당상관들이 정기적으로 국사를 의논하던 곳.
5) 조령으로 통하는 길로 추정됨.
6) 죽령으로 통하는 길로 추정됨
7) 추풍령으로 통하는 길로 추정됨.

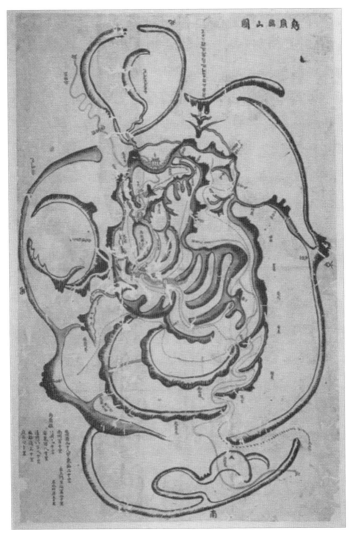

조령 진산도(서울대학교 규장각 소장)

기를 조방장으로 삼아 조령을 지키도록 하며, 경주 부윤 윤인함은 문신으로 나약하고 겁이 많으니 해임하고, 전 강계 부사로 있던 변응성을 기복출사[8]시켜 경주 부윤으로 삼는다는 내용이었다.

그들에게는 제각기 군관[9]을 뽑아서 함께 가도록 했다. 잠시 후에 부산포가 함락되었다는 보고가 들어왔다. 당시 부산포는 적에게 포위되어 통행할 수 없었으므로 소식을 들을 수가 없었다. 박홍이 올린 장계에는 "높은 곳에 올라가 바라보니 붉은 깃발이 성안에 가득했고 그것을 보고 성이 함락된 줄 알았습니다"라고 되어 있었다. 그것은 곧 부산포가 함락되었음을 뜻하는 것이다.

이일은 한양에서 정예 군사 3백 명을 거느리고 가려고 했다. 그러나 병조에서 선발한 병사들은 대부분 집에서 살림하던 사람들이거나 유생과 아전뿐이었다. 유생과 아전을 모아 점검을 해보니 유생들은 갓을 갖추어 쓰고 시권[10]을 들고 있었으며, 아전들은 평정건[11]을 쓰고 나왔다. 모두 병사로 뽑히는 것에 불만을 품은 사람들로 뜰이 가득 찼다.

---

8) 어버이의 상중에 벼슬자리에 나아감. 상중에는 벼슬을 하지 않는다는 관례를 깨고 벼슬을 하는 것을 이름.
9) 조선 왕조 때 각 군영에 소속되었던 장교를 가리킴.
10) 과거 때 글을 지어 올리는 종이.
11) 서리가 머리에 쓰던 두건.

그래서 이일은 명령을 받은 지 사흘이 지나도록 출발하지 못했으므로 조정에서는 이일을 먼저 가게 하고, 별장[12] 유옥에게 군사를 거느려 뒤따라가도록 했다.

나는 병조판서 홍여순은 임무를 다할 수 없으며 또 군사들의 원망이 많으니 바꾸어야 한다고 아뢰었고 그를 대신하여 김응남이 병조판서에 임명되었으며 심충겸이 병조참판에 임명되었다.

대간[13]에서 또 아뢰기를 "마땅히 대신 중에서 적당한 사람을 뽑아, 체찰사[14]로 삼아 여러 장수들을 감독하고 격려하게 해야 한다"고 아뢰었다. 그리하여, 영의정(이산해)이 왕명을 받고 나를 추천했다. 이에 나는 임금에게 청하여 김응남을 부사(부체찰사)에 임명해 달라고 청했다.

전에 의주 목사로 있던 김여물은 무예가 뛰어나고 지혜도 있는 사람인데, 당시 어떠한 사건에 연루되어 옥에 갇혀 있었다. 나는 임금께 아뢰어 그의 죄를 용서해 내가 데려갈 수 있게 했고, 무사 중에 비장神將[15]이 될 만한 사람을 모집해 80여 명을

---

12) 조선 시대 때 용호영의 종2품. 또는 용호영 이외의 각 영의 정3품 벼슬.
13) 사헌부와 사간원의 총칭.
14) 지방에 병란이 있을 때 왕의 명령으로 그 지방에 나가서 일반 군무를 총찰하는 임시 벼슬.
15) 조선 시대에 감사·유수·병사·수사·견외 사신을 따라 다니며 일을 돕던 무관 벼슬.

얻게 되었다.

얼마 지나지 않아 정세가 위급하다는 보고가 잇따라 들어왔다. 적의 선봉이 벌써 밀양·대구를 지나서 조령 아래까지 다가온다는 소식을 듣고 내가 김응남과 신립에게 "적이 이미 깊이 쳐들어왔으니 사태가 위급하게 되었소. 장차 어떻게 해야 하겠소?"라고 묻자, 신립은 "이일이 전방에 나가 있으나 그를 지원할 후속 부대가 없습니다. 비록 체찰사(류성룡)께서 내려가시더라도 직접 싸우는 장수는 아니십니다. 먼저 용맹한 장수를 내려가게 해서 이일을 지원할 계책을 마련하는 것이 좋지 않겠습니까?"라고 했다.

가만히 보니, 신립 자신이 가서 이일을 지원하겠다는 것이었다. 내가 김응남과 함께 임금을 뵙고 신립의 말대로 아뢰니, 임금께서는 곧 신립을 불러 사실을 물으시고 마침내 그를 도순변사[16]로 삼았다.

신립이 대궐문 밖에 나가서 직접 무사를 모집했으나 따라가기를 원하는 사람들이 없었다. 이때 나는 중추부[17]에서 떠날 일을 준비하고 있었는데, 신립이 내가 있는 곳에 와서 뜰 안에 모집된 군사가 많이 모여 있는 것을 보고는 얼굴에 매우 노한

---

16) 왕명으로 지방 군무를 총괄하는 특사.
17) 조선 왕주 때 일정한 사무가 없는 현직 문무 당상관을 대우하기 위해 있던 관서.

빛을 띠고 김응남 판서를 가리키면서 "이런 분을 대감이 데리고 가서 무슨 일에 쓰겠습니까? 제가 대감의 부사가 되어 함께 가기를 원합니다"라고 했다. 나는 무사들을 모집해도 자신을 따라나서는 사람들이 없어 신립이 노여워하는 것을 알고 웃으면서 "다 같은 나랏일인데 어찌 이것이니 저것이니 따지겠소? 공은 이미 갈 날이 급박하니 내가 모아둔 군관들을 먼저 데리고 떠나시오. 나는 따로 모집해 따라 가겠소"라고 말했다. 그러면서 군관 이름이 쓰인 명단을 그에게 내어주니 신립은 뜰 안에 모여 선 무사들을 돌아보면서 "이리 오너라" 하고는 이끌고 나가는데, 여러 무사들은 모두 실의에 찬 기색으로 따라갔으며 김여물 또한 같이 갔으나 마음속으로는 썩 내키지 않는 기색이었다.

신립이 떠나려 하자 임금께서 불러 보시고 보검寶劍을 내려주시며, "이일 이하의 장수들 중에 그대의 명령을 따르지 않는 사람이 있거든 이 칼을 쓰시오"라고 말씀하셨다.

신립은 임금께 하직하고 물러나와 다시 빈청으로 와서 대신을 뵙고 인사를 했다. 그런데 막 섬돌을 내려설 무렵, 머리에 쓰고 있던 사모가 갑자기 땅에 떨어지자 보는 사람들이 놀라서 얼굴빛이 변했다.

신립이 용인에 이르러 임금께 올리는 글에 자신의 이름을 쓰지 않자, 사람들은 혹시 그가 마음속에 다른 뜻을 품은 것은 아닐까 의심하기도 했다.

경상 우병사 김성일을 잡아 옥에 가두려고 했으나 그가 한
양에 이르기 전에 죄를 용서하고 다시 초유사[18]로 삼았으
며, 함안 군수 유숭인을 병사로 삼았다.

　김성일은 처음 우병사로 임명되어 임지로 가는 도중 상주에
이르러 적군이 이미 국경을 침범했다는 말을 들었다. 김성일은
곧바로 밤낮으로 달려서 본영으로 찾아갔고 도중에 전임자 조
대곤을 만나 인절[19]을 교환했다. 당시 적군은 벌써 김해를 함
락했고 군대를 나누어 우도의 여러 고을들을 노략질하고 있었
다. 김성일이 나아가서 적군과 만나니 부하인 장수와 군사들이
달아나려고 했고, 그 광경을 본 김성일이 말에서 내려 호상[20]
에 걸터앉아 꼼짝도 않고 군관 이종인을 불러 "너는 용사이니
적을 보고 먼저 물러서서는 안 될 것이다"라고 했다. 이때 적군
한 명이 쇠로 만든 탈을 쓰고 칼을 휘두르면서 뛰어나오자 이
종인이 말을 달려 나가서 화살 하나를 쏘아 죽이니 여러 적들
이 뒤로 물러나 달아나고 감히 앞으로 나오지 못했다. 김성일이

---

18) 병란이 났을 때 백성을 병졸로 모집하는 일을 맡은 임시 벼슬.
19) 조정에서 지방관에게 주는 인장과 부절을 가리킴.
20) 당상관 이상의 관원이 하인에게 들고 다니게 하다가 승마할 때 사용하는
　　걸상처럼 된 물건.

흩어진 군사들을 불러 모으고, 여러 고을에 격문을 보내 적을 견제할 계책을 세웠다.

그러던 참에 임금께서는 김성일이 전에 일본에 사신으로 갔다가 돌아와 왜적이 쉽게 올 것 같지 않다고 말해서 인심을 해이하게 하고 나랏일을 그르쳤다고 하여 의금부 도사[21]를 보내어 잡아오도록 명했으므로, 일이 장차 어떻게 될지 알 수 없었다.

경상 감사 김수가 김성일이 체포되어 한양으로 간다는 말을 듣고 길가로 나가 작별했는데, 김성일의 말투와 안색은 몹시 흥분되어 있었으나, 그는 진심으로 나라를 걱정하는 마음이 북받쳐 개인적인 문제에 대해서는 한 마디도 말하지 않고 오직 김수에게 힘을 다하여 적을 치라고 격려했다. 이것을 본 늙은 아전 하자용이 감탄하여 "자신이 죽는 것을 걱정하지 않고 오직 나랏일만을 근심하니 참으로 충신이오"라고 했다.

김성일이 직산에 이르자, 임금께서는 노여움을 푸셨다. 그리고 김성일이 경상도 백성과 군사들의 신임을 얻고 있는 것을 알고서, 그의 죄를 용서하고 우도 초유사로 삼아 도내의 백성들을 잘 타일러 군사를 일으켜 적을 토벌하도록 했다. 이때 유숭인은 싸움에서 세운 공로가 있었으므로 등급을 뛰어넘어 군수

---

21) 관원의 감찰과 규탄을 맡아보던 종5품의 벼슬.

에서 병마절도사로 임명되었다.

첨지 김륵을 경상좌도 안집사[22)로 삼았다.

당시 감사 김수는 우도에 있었으나, 적병이 좌도로 통하는 길에 쫙 깔려 있어서 좌도와는 소식이 서로 통하지 않았으므로 수령들이 모두 관직을 버리고 달아나고 이에 따라 민심도 흩어져 있었다. 조정에서는 이러한 소식을 듣고 김륵이 영천 사람이므로 경상도의 사정을 잘 알 테니 백성들을 안정시키고 수습할 수 있을 것으로 여겨 임금께 아뢰어 보내도록 했다.

김륵이 좌도에 도착하자 백성들이 비로소 조정의 지시를 따라 차츰 다시 모여들었는데, 영천·풍기 두 고을에는 다행히 적군이 오지 않았음에도 의병들이 많이 일어났다고 한다.

적군이 상주를 함락하니 순변사 이일은 패전하여 달아나 충주로 도망쳤다.

처음에 경상도 순찰사 김수는 적이 침략했다는 소식을 듣고 즉시 제승방략의 편제법대로 각 고을에 공문을 보내서 각각 소속 군대를 거느리고 약속한 곳에 모여 주둔하고서 한양에서 오는 장수가 도착하기를 기다리게 했다.

---

22) 백성을 불러 모아 안정시키는 임시 벼슬.

이 지시에 따라 문경 이남의 고을 수령들은 모두 각자의 군사를 거느리고 대구로 나아가 냇가에서 노숙하면서 순변사가 오기를 기다렸는데 며칠이 지나도 순변사는 오지 않고 적군은 점점 가까이 왔다.

군사들은 놀라서 술렁거리고 때마침 큰 비가 와서 옷이 모두 젖고 양식까지 떨어지자 밤중에 모두 흩어져 달아났으며 수령들도 겨우 자신의 몸만 빠져나와 도망쳤다.

순변사(이일)가 문경에 들어왔을 때에는 고을 안이 이미 텅 비어 한 사람도 보이지 않았다. 순변사는 손수 창고의 곡식을 꺼내어 자신이 거느리고 온 사람들에게 먹이고 나서 함창을 거쳐 상주에 도착했다. 상주 목사 김해는 출참[23]에서 순변사를 바라지한다고 핑계를 대고는 산속으로 도망쳐버렸고, 판관 권길이 홀로 남아 고을을 지키고 있었다. 이일은 군사를 집합시켜 두지 않았다는 이유로 권길을 책망하고, 뜰에 끌어내어 목을 베려고 했다. 권길은 자신이 나가서 군사를 불러 모아 오겠다고 애원하여 겨우 죽음을 면했는데, 밤새도록 마을을 수색한 끝에 이튿날 아침에 수백 명을 데리고 왔으나 모두 농민들뿐이었다. 이일은 상주에서 하루를 머물면서 창고의 곡식을 내어 흩어져 있는 백성들을 달래어 모으니, 산골짜기 속에서 하나씩 하나씩

23) 사신이나 감사를 맞이하여 전곡·역마 등 모든 편의를 제공하기 위해 이들이 숙박하는 곳과 가까운 역에서 사람을 내보내는 일.

모여든 것이 또한 수백 명이 되었다. 이리하여 갑자기 군대를 편성하긴 했으나 제대로 전투를 할 만한 사람은 하나도 없었다.

이때 적군은 이미 선산까지 와 있었다. 저녁 무렵에 개령현 사람 한 명이 와서 적군이 이미 가까이 왔다고 보고했다. 그러나 이일은 여러 사람의 마음을 혼란스럽게 만든다고 해서 그 사람의 목을 베려고 했는데, 그 사람이 하소연하며 외쳐 말하기를 "원컨대 저를 우선 옥에 가두어두었다가 내일 아침까지 적군이 오지 않거든 그때 나를 죽여도 늦지 않을 것입니다"라고 했다.

이날 밤에 적군은 이미 장천에 와서 진을 치고 있었으니, 장천은 상주와의 거리가 불과 20리 밖에 되지 않는데도 이일의 군중에서 척후병[24]을 세우지 않았기 때문에 적군이 이렇게 가까이 오는 것을 알지 못했다.

이튿날 아침에 이일은 그래도 적군이 오지 않는다고 말하고 그 개령 사람을 옥에서 끌어내어 목을 베어 죽이고는 여러 사람 앞에 돌려 보였다. 그리고 나서 이일은 상주에서 모은 백성들과 한양에서 온 장수와 군사를 합하여 겨우 800~900명을 거느리고, 상주의 북쪽 냇가에서 진 치는 법을 가르쳤다. 산을 의지하여 진을 치고 진 한가운데에 대장기를 세운 다음, 이일은

---

24) 적군의 상황을 엿보아 정찰하는 군사.

갑옷을 입고 큰 깃발 아래에서 말을 타고 섰으며, 종사관[25] 윤섭·박호·판관 권길과 사근 찰방 김종무 등은 모두 말에서 내려 이일의 탄 말 뒤편에 서 있었다.

조금 후에 몇 사람이 숲속에서 나와 이리저리 거닐면서 이편을 바라보다가 돌아가자, 여러 사람들이 적군의 척후인가 의심했으나 앞서 개령 사람이 당한 일 때문에 겁을 먹고 아무도 감히 이일에게 알리지 못했다. 조금 지나서 성안을 바라보니 여러 곳에서 연기가 일어나므로 이일은 그제야 군관 한 사람을 보내 탐지하도록 했다.

그 군관은 말을 타고 갔다. 역졸 두 사람이 고삐를 잡고 천천히 가는데, 미리 다리 밑에 숨어 있던 왜적이 조총으로 군관을 쏘아 말에서 떨어뜨리고 머리를 베어 달아나니, 우리 군사들이 이것을 바라보고 기가 꺾여버렸다.

잠시 후에 적군이 대대적으로 몰려왔고, 조총 10여 개를 가지고 쏘아대니 총에 맞은 사람은 곧바로 쓰러져 죽었다. 이일은 다급하게 군사들을 불러 활을 쏘게 했으나, 화살이 겨우 수십 보 밖에서 떨어지므로 적을 죽일 수가 없었다. 적군은 이미 좌우 두 갈래로 갈라져서 깃발을 들고 아군을 앞뒤에서 포위하며 몰려왔다.

---

25) 군영에 딸린 종6품관.

이일은 일이 다급한 것을 알고 말을 급히 돌려서 북쪽으로 달아나니, 군사의 대열은 걷잡을 수 없이 크게 혼란스러워졌고 모두가 스스로의 목숨을 부지하기 위해 도망쳤으나 살아 돌아간 사람은 몇몇에 지나지 않았고, 종사관 이하 미처 말에 올라타지 못한 사람들은 모두 적군에게 살해되었다.

적군은 이일을 바짝 추격했다. 이일은 다급한 나머지 말을 버리고 옷을 벗은 채로 머리를 풀어 헤치고는 알몸으로 달아났다. 그는 문경에 이르러서야 종이와 붓을 찾아 패전한 상황을 임금께 보고하는 장계를 올리고는 물러나서 조령을 지키고자 했다가, 신립이 충주에 주둔하고 있다는 소식을 듣고는 마침내 충주로 달려갔다.

우의정 이양원을 도성을 지키는 수성대장으로 삼고, 이전과 변언수를 각각 경성의 좌위장과 우위장으로 삼았으며, 상산군 박충간을 경성 순검사[26]로 삼아 도성을 경비하게 했고, 상중인 김명원을 불러들여 도원수로 삼아 한강을 지키도록 했다.

이때에 이미 이일이 패전했다는 보고가 들어오니 한양의

---

26) 국가적인 토목 사업 등을 순시하며 검사·감독하는 임무를 맡은 임시 벼슬.

인심도 흉흉해져서, 임금과 측근 사이에서는 한양을 버리고 떠나자는 의견까지 있었으나 조정에서는 이를 알지 못하고 있었다.

이마[27] 김응수가 빈청에 와서 영의정(이산해)과 귀엣말을 주고받고는 나갔다가 다시 왔다. 이를 본 사람들은 수상하게 생각했는데, 이는 영의정이 그때 사복 제조[28]의 일을 맡고 있었기 때문이었다.

도승지 이항복이 손바닥에다 "영강문 안에 말을 세워라立馬 永康門內"라고 여섯 글자를 써서 나에게 보였다. 대간들이 영의정이 나랏일을 그르친다고 탄핵하고, 그를 파면시켜야 한다고 청했으나 임금께서는 듣지 않으셨다.

임금의 친족들이 합문[29] 밖에 모여들어 통곡하면서 한양을 버리지 말라고 애원했으며, 영부사[30] 김귀영은 더욱 흥분하여 여러 대신들과 함께 궁중으로 들어가 임금을 뵙고 끝까지 한양을 굳게 지키자고 청하고, 또 "한양을 버리자고 앞장서서 주장하는 자는 곧 소인입니다"라고 말했다.

임금께서는 교지를 내리시기를 "종묘와 사직이 이곳에 있는데 내가 장차 어디로 간단 말이냐?"라고 했으므로, 여러 사람들이

---

27) 임금의 마필을 관리하는 정6품의 직책.
28) 궁중의 승여·마필 등의 일을 맡아보던 관아의 직책을 가리킴.
29) 임금이 평상시에 거처하는 편전의 앞문.
30) 영중추부사의 준말로 중추부의 정1품 무관 벼슬.

마침내 물러 나갔으나 상황은 어찌할 수가 없게 되었다.

백성들과 공사 노비·각 관아의 아전 그리고 삼의사[31]의 소속의 인원들을 뽑아서 성 위에 쌓은 담을 나누어 지키게 했는데, 지켜야 할 성첩[32]은 3만여 개가 넘었는데도 성을 지키는 인원은 겨우 7천 명뿐이었고, 대부분 오합지졸이어서 모두 기회만 있으면 성벽을 넘어서 도주할 생각만 하고 있었다. 책임을 맡고 있는 군사들은 물론 병조에 소속된 정규의 군인들이었지만, 이들도 아전들과 서로 짜고 농간을 부려 뇌물을 받고 슬그머니 놓아 보내는 사례들이 매우 많았다. 관원들 역시 군사들이 가버리는가 남아 있는가를 묻지도 않았으므로, 급한 일에 다다라서는 모두가 쓸 수가 없는 위인들이었으니 군병에 관한 행정의 해이함이 한결같이 이 지경에 이르렀다.

대신들이 왕세자를 세워 인심을 수습하자고 청했으므로, 임금께서는 그에 따랐다.

동지사[33] 이덕형을 왜군과 교섭할 사자로 파견했다.

---

31) 의료를 맡은 세 관사. 내의원·전의감·혜민서를 통틀어 일컫는 말.
32) 성 위에 낮게 쌓은 담. 여기에 몸을 숨기고 적을 감시하거나 공격함.(≒성가퀴, 여장)
33) 조선 시대에 둔 종2품 벼슬. 돈령부·의금부·경연청·성균관·춘추관·삼군부 따위에 약간명씩 두었는데, 소속 관아명 앞에 동지同知를, 뒤에 사事를 붙여 부름.

상주 전투에서 패배해 후퇴할 때 일본어 통역관 경응순이란 사람이 이일의 부대에 끼어 있다가 적군에게 사로잡혀 포로가 되었다. 그때 왜군의 장수 고니시 유키나가가 도요토미 히데요시의 문서와 예조에 보내는 공문 한 통을 경응순에게 주어서 우리 측에 전하게 했다. 경응순을 보내면서 그는 "동래에 있을 때 울산 군수를 산 채로 잡아 서신(도요토미 히데요시의 편지)을 주어 보냈는데 지금까지 아무런 회답이 없다.[34] 조선에서 만약 우리와 강화할 의사가 있다면 이덕형을 보내어 오는 28일에 충주에서 나와 만나게 하는 것이 좋을 것이다"라고 했다.

이덕형이 지난해에 일찍이 선위사[35]가 되어 왜국의 사신을 대접한 일이 있었기 때문에 특별히 고니시 유키나가가 그를 지목한 것이다.

경응순이 한양에 와서 고니시 유키나가의 글과 말을 전했다. 이때는 일이 워낙 급해서 어떻게 대처해야 할지 선뜻 좋은 대책이 나오지 않았으나, 혹시 이 일을 계기로 왜군의 진격을 늦출 수도 있을까 하는 생각이 들었다. 이덕형 또한 자신이 가기를 청하니, 조정에서는 예조에서 답서를 만들게 했다. 이덕형은

---

34) 당시 울산 군수는 이언함인데 적의 진중에서 돌아왔으나 죄를 얻을까 두려워하여 스스로 도망쳐 왔다고 말하고, 그 편지는 숨기고 전하지 않았기 때문에 조정에서는 이런 일이 있는 줄 알지 못한 것임.
35) 임금의 명령으로 외국의 사신을 영접하던 임시 벼슬.

그것을 가지고 경응순과 함께 갔다.

그런데 이덕형이 가는 길에 충주가 이미 함락되었다는 소식을 들었다. 이덕형은 먼저 경응순을 보내어 사정을 알아보게 했다. 그러나 경응순은 적의 장수 가토 기요마사에게 살해되었으므로 이덕형은 중도에서 길을 돌려 되돌아와 임금이 계시던 평양으로 가서 보고했다.

형혹성[36)]이 남두성[37)]을 침범했다. 그것은 재앙이나 난의 조짐으로 여겼다.

조정에서 경기·강원·황해·평안·함경 등 각 도의 군사를 징발하여 한양 방위를 지원하도록 했다. 이조판서 이원익을 평안도 도순찰사로 삼고, 지중추부사 최흥원을 황해도 도순찰사로 삼아, 모두 그날로 떠나가도록 했다. 장차 임금께서 서쪽으로 옮겨야 한다는 의견이 나왔다. 이전에 이원익이 안주 목사로 있었고 최흥원이 황해 감사로 있었다. 모두 어진 정치를 베풀어 백성들의 환심을 얻었기 때문에 그들에게 먼저 가서 백성들의 마음을 어루만지고 잘 타일러 임금의 순행에 대비하도록 한 조

---

36) 화성火星을 가리킴. 조선 시대 때 전쟁이나 재난을 예고한다고 여겼음.
37) 남방에 있는 여섯개의 별로 이루어진 국자 모양의 별자리로, 제왕의 수명을 상징함.

치한 것이었다.

적병이 충주에 침입했고 신립이 맞서 싸우다 전사하자 우리 군사들은 크게 무너졌다.

신립이 충주에 이르렀을 때, 충청도의 여러 고을에서 군사들이 모여들어 8천여 명이나 되었다. 신립이 처음에는 조령을 지키려고 했으나, 이일이 패전했다는 소식을 듣고는 그만 넋을 잃고 충주로 갔다. 그리고는 이일, 변기 등의 장수를 불러 모두 충주로 오도록 했는데, 험준한 곳을 버리고서 지키지 않았을 뿐만 아니라 호령만 번거롭고 요란스러우니, 보는 사람들은 그가 반드시 패전할 것이라고 예상했었다.

신립이 평소에 가까이 하던 친근한 군관 한 사람이 와서, 적군이 벌써 조령을 넘었다고 은밀히 보고했는데, 이때가 27일 초저녁이었다. 이 말을 듣고 신립이 갑자기 성 밖으로 뛰어나가자 군사들이 매우 술렁대었다. 신립이 어디 있는지 알 수가 없었는데, 그는 밤이 깊은 뒤에야 몰래 객사로 돌아와 이튿날 아침에 군관이 망령되이 거짓말을 했다 하여 끌어내어 목을 베고 임금께 장계를 올리기를 "적군이 아직 상주를 떠나지 않았습니다"라고 했으나 적군이 이미 10리 안에 와 있는 것을 알지 못했다.

문경 제3관문 조령관(사적 147호)
예로부터 한양으로 올라가는 관문이었으며 군사적 요충지였다.

　신립은 군사를 거느리고 탄금대 앞 두 강물 사이에 나가 진을 쳤는데, 이곳은 주변에 논이 있고 물과 풀이 서로 얽혀 있어서 사람이나 말이 달리기에 불편한 곳이었다. 조금 후에 적군이 단월역[38)에서부터 길을 나누어 쳐들어오는데 그 기세가 마치 비바람이 몰아치는 것과 같았다. 적군의 한 부대는 산을 따라 동쪽으로 나오고, 다른 한 부대는 강을 따라 내려오니 폿소리가 땅을 울렸고 먼지는 하늘에 가득했다.

---

38) 충주 남쪽 10리 지점에 있던 역.

신립은 어쩔 줄 모르고 말을 채찍질해서 몸소 적진에 돌진하고자 두 번이나 시도했으나, 결국 쳐들어가지 못하고 되돌아와 강물에 뛰어들어 죽었으며, 여러 군사들도 모두 강물에 뛰어들었다. 시체가 강물을 덮고 떠내려갔다.

김여물도 혼란한 군사 속에서 죽었으나, 이일은 동쪽 산골짜기에서 빠져나와 도망쳤다.

당초에 조정에서는 적병의 세력이 매우 강하다는 말을 듣고 이일의 혼자 힘으로는 감당하기 어려울 것이라 염려했으나, 신립은 당대의 명장이므로 군사들이 두려워하고 복종하니 *그가 대군을 거느리고 이일의 뒤를 따라가게 한 것이다*. 이렇게 해서 두 장수가 서로 세력을 합친다면 적군을 막을 수 있을 것으로 기대했다. 그 계책은 잘못된 것이 아니었다. 다만 불행하게도 경상도에 배치되어 있던 수군 장수와 육군 장수들이 모두 겁쟁이었을 뿐이었다.

좌수사 박홍은 군사를 한 사람도 출동시키지 않았다. 우수사 원균은 비록 수로는 좀 멀지만 거느리고 있던 배가 많았다. 적병이 단 하루 동안에 모두 몰려온 것이 아니므로 우리 편에서 군대를 있는 대로 다 거느리고 앞으로 진출하여 군사적인 위세를 과시하며 대치해 보일 필요가 있었다. 그래서 다행히 한 번만이라도 싸워 이겼더라면 적군은 마땅히 후방을 염려해 그렇게 갑자기 내륙 깊숙이 쳐들어오지는 못했을 것이 분명하다. 그런데 원균은 먼 곳에서 적군을 바라만 보고 몸을 사려 한 번도 접전을 하지 않고, 멀리 피해가서 싸우려 들지 않았다.

한편 적군이 육지에 오른 뒤에는 어떠했던가? 좌병사 이각이 해임되고 우병사 조대곤이 해임되는 동안에 적군은 북을 치면서 거침없이 진군했다. 지키는 이 없는 수백 리의 땅을 짓밟으면서 밤낮으로 북쪽을 향해 올라오는데, 어느 한 곳에서도 감히 대항하여 적군이 진격하는 기세를 늦추려는 사람이 없었다. 그리하여 상륙한 지 열흘이 채 안 되어 벌써 상주에까지 이르렀던 것이다. 여기에 이일은 다른 곳에서 온 장수로서 스스로가 거느렸던 군대도 없이 졸지에 적과 서로 싸우게 되니 처음부터 대적할 처지가 되지 못했다. 신립이 충주에 이르기 전에 이일이 먼저 패전하는 바람에 전군의 진퇴에 두서가 없었다. 일이 이로써 크게 어긋나게 되었으니 아아, 가슴 아픈 일이다.

나중에 들으니 적군이 상주에 들어와서 오히려 험한 요충지에 이르면 선뜻 통과하지 못하고 지나는 것을 두려워했다고 한다. 문경현 남쪽 10여 리 지점에 경상 좌도와 우도의 경계에 고모성이라는 옛 산성이 있다. 성 주변의 지형은 두 산골짜기가 마치 가운데를 잘라 묶은 듯하고 골짜기 가운데로는 큰 시내가 굽이져 흐르며, 길은 그 산성 아래로 골짜기를 따라 뚫려 있는 그런 곳이다. 적군은 이곳을 지키는 군사가 있을까 두려워서 사람을 시켜 두 번, 세 번 탐지해본 뒤에야 지키는 수비병이 없는 것을 알고는 노래를 부르고 춤을 추면서 이곳을 지나갔다고 한다. 그 후에 명나라 장수인 제독 이여송이 적군을 추격하여 조령을 지나다가 탄식하여 말하기를 "이렇게 좋은 요새가 있는데도 지킬 줄을 몰랐으니, 총병 신립은 전략을 세울 줄 모르는 사람이다"라고 했다.

대체로 신립은 날쌔서 당시 이름을 얻었으나, 전략을 세우는 것은 그의 장기가 아니었다. 옛 사람들이 말하기를 "장수가 병법을 알지 못하면 그 나라를 적군에게 내주는 것이다"라고 했는데, 지금에 와서 비록 후회한들 무슨 소용이 있으랴마는, 그래도 훗날의 경계는 될 수 있겠으므로 상세히 기록해 두는 것이다.

4장

국왕의 피란과 구원군 요청

4월 30일 새벽 임금께서 서쪽을 향해 피란길에 오르셨다.

신립이 한양을 떠난 후 사람들은 날마다 싸움에 이긴 보고가 오기만을 기다리고 있었는데, 그 전날 저녁에 전립[1]을 쓴 군인 세 명이 말을 달려 숭인문으로 들어오자 성안 사람들이 다투어 소식을 물으니 그들이 대답하기를 "우리는 도순변사 신립을 모시던 군관의 종입니다. 어제 도순변사께서는 충주에서 패전하여 전사하시고 우리 아군들은 크게 무너져 달아나고 말았습니다. 우리들은 간신히 몸만 빠져나오는 길인데, 가족들에게 피

---

1) 조선 시대에 무관이 쓰던 모자의 하나.

란하라고 알리려 오는 참입니다"라고 말했다.

이 말을 들은 사람들은 크게 놀랐다. 만나는 사람마다 서로 소식을 전했고 얼마 안 되어 온 도성 안이 떠들썩했다.

그날 초저녁에 임금께서는 재상들을 불러 한양을 떠나 피란 갈 일을 의논했는데, 임금께서 동쪽 바깥채로 나오셔서 촛불을 켜놓고 자리에 앉았으며, 종실 하원군과 하릉군 등이 그 옆에서 모시고 있었다. 대신이 아뢰기를 "사세가 이 지경에 이르렀으니 임금께서 잠시 평양으로 가시어 명나라에 구원병을 요청하시어 만회할 방법을 도모하옵소서"라고 했다.

그때 장령 권협이 임금에게 뵙기를 청하여 임금의 바로 옆에까지 가까이 다가가서 큰 소리로 끝까지 한양을 굳게 지켜야 한다고 부르짖었다. 그가 하도 큰 소리로 떠들기에 민망하여 내가 한마디 충고를 했다. "아무리 위급하고 혼란한 때일지라도 군신간의 예의가 이러해서는 안 되니 조금 물러나서 장계로써 아뢰시오." 그러나 권협은 연거푸 부르짖기를 "좌상(류성룡)께서도 그런 말씀을 하십니까? 그러면 한양은 버려야 한다는 말입니까?"라고 했다. 나는 임금께 아뢰기를 "권협의 말은 매우 충성스럽지만 다만 사세가 그렇게 하지 않을 수 없게 되었습니다"하고서, 이내 왕자들을 여러 도로 나누어 보내서 군사를 모집하도록 하고, 세자는 임금을 모시고 함께 가도록 하자고 건의했다.

이렇게 의논을 정하고 나서 대신들은 일단 문밖에 나가서 기다렸다가 왕명을 받았다. 임해군은 함경도로 가는데 영부사 김귀영과 칠계군 윤탁연이 따라가고, 순화군은 강원도로 가는데 장계군 황정욱과 호군[2] 황혁 그리고 동지중추부사[3] 이기가 수행하라는 내용이었다. 황혁의 딸이 순화군의 부인이고, 이기는 원주 사람이었기 때문에 순화군에 딸려 강원도로 함께 보낸 것이다.

이때 우상 이양원은 유도대장[4]이 되고 영의정 이산해와 재상 수십 명은 임금을 모시는 호종관으로 지명되었으나, 나에게는 아무런 분부가 내려지지 않았다. 그러자 승정원에서 아뢰기를 "호종하는 사람 가운데 류 아무개(류성룡)가 빠질 수 없습니다"라고 해서 나도 호종하게 되었다.

내의원의 의관 조영선과 승정원의 서리 신덕린 등 10여 명이 큰 소리로 "한양을 버릴 수가 없습니다"라고 외쳤으며, 조금 후에 이일의 장계가 도착했으나 이미 궁궐을 지키는 장교와 군사들이 모두 흩어져 버린 터라 경루[5]조차 울리지 않았다. 선전관청[6]에서 횃불을 얻어 이일의 장계를 펴서 읽어보니 "적군이 오늘 내일 사이에 도성으로 들어갈 것입니다"라고 했다. 이일의

---

2) 조선 왕조 때 오위의 정4품 무관 벼슬.
3) 중추부의 종2품 벼슬.
4) 임금이 거둥 시 한양을 지키는 군대의 대장.
5) 밤 동안의 시간을 알리는 데 쓰던 물시계.

장계가 들어온 지 한참 있다가 어가가 대궐문 밖으로 나오는데, 삼청의 금군[7]들은 달아나고 숨어버리느라 서로 어둠 속에서 마주치고 부딪혔다. 때마침 우림위의 지귀수가 내 앞을 지나기에, 내가 그를 알아보고서 임금의 행렬을 수행하라고 책망하자 지귀수는 "어찌 힘을 다하지 않겠습니까?" 하고는 그의 동료 두 사람까지 불러 모아왔다.

경복궁 앞을 지나는데 길가의 민가에서는 시민들의 우는 소리가 들려왔다. 승문원[8]의 서원[9] 이수겸이 내 말고삐를 잡고 묻기를 "승문원 안에 있는 문서는 어떻게 해야 합니까?" 하므로, 내가 그 가운데 특별히 중요한 것만 챙겨서 뒤쫓아 오라고 지시하자 이수겸은 울면서 떠났다.

돈의문을 나와 사현[10]에 이르니 동쪽 하늘이 점점 밝아왔다. 성안을 돌아다보니 남대문 안 큰 창고에 불이 일어나서 연기와 불꽃이 이미 공중에 치솟고 있었다. 사현을 넘어 석교에 이르니 비가 내리기 시작했다. 경기 감사 권징이 뒤따라와서 호종했다.

벽제역[11]에 이르니 비가 더욱 심해져서 일행의 옷이 모두 젖

---

6) 조선 시대에, 병조에 속하여 형명, 계라, 시위, 전령, 부신의 출납 따위를 맡아보던 관아.

7) 궁중을 지키고 왕이 거둥할 때 호위 경비를 담당함.

8) 조선 시대에, 외교에 대한 문서를 맡아보던 관아.

9) 조선 시대에, 서리가 없는 관아에 두었던 벼슬아치.

10) 모화관(지금의 독립문 근처) 서북쪽에 있던 고개.

11) 고양 동쪽 15리 지점에 있던 역.

었다. 임금께서는 역에 들러 잠시 쉬셨다가 곧 나오셨다. 이때부터 여러 관원들 중에는 한양으로 되돌아가는 사람이 많았고, 시종신[12]과 대간들 중에서도 이따금 뒤처져서 따라오지 않는 이가 많았다.

혜음령[13]을 지날 무렵에는 비가 쏟아붓듯이 내리니, 궁인들은 약한 말을 타고 물건으로 얼굴을 가리고서 큰 소리로 울며 따라갔다.

마산역[14]을 지나는데, 들에 있던 사람들이 행차를 바라다보고는 통곡하며 "나라가 우리를 버리고 떠나니, 우리들은 누구를 믿고 살아야 합니까?"라고 했다.

임진강에 이를 때까지도 비가 그치지 않았다. 임금께서 배 안에서 영의정과 나를 부르시기에 들어가 뵈었다.

강을 건너니 이미 해가 지고 어둑어둑하여 앞을 분간할 수가 없었다. 임진강 남쪽 산기슭에는 옛날에 세운 승청[15]이 있었다. 강을 건너기 전에 적군이 이곳에 오면 청사의 재목을 헐어 뗏목을 만들어 강을 건너올까 염려되어 이것을 불사르라고 명하셨는데, 때마침 그것을 태우는 불빛이 강 북쪽까지 비친 덕분에 겨우 길을 찾아갈 수 있었다.

---

12) 임금을 수행하던 벼슬아치.
13) 고양 북쪽 7리 지점에 있는 고개.
14) 파주 남쪽 4리 지점에 있던 역.
15) 나루터를 관리하는 청사.

초경16)에 동파역17)에 이르렀다. 파주 목사 허진과 장단 부사 구효연이 지대 차사원18)으로 그곳에 와서 임금께 드릴 음식을 간략하게 준비하고 있었다. 임금을 호위하는 아전과 군사들이 종일토록 굶으며 왔기 때문에 마구 부엌으로 뛰어 들어가 함부로 빼앗아 먹었다. 자칫하다간 임금께 드릴 것마저 없게 될 판이었다. 허진과 구효연은 겁이 나서 그만 도망쳐버리고 말았다.

5월 초하룻날 아침에 임금께서는 대신을 부르시고 "남쪽에 내려가 있는 순찰사들 중에서 나라를 위해 기꺼이 힘을 쓰고자 하는 사람이 있는가?" 하고 물으셨다.

날이 어두운 뒤에 임금께서 수레에 올라 개성으로 향하여 떠나려 하셨는데, 경기의 아전들과 군사들이 모두 도주해 흩어져서 임금이 탄 수레를 호위할 사람이 없었다.

때마침 황해 감사 조인득이 황해도의 군사를 거느리고 들어와서 도우려 했는데, 서흥 부사 남억이 이보다 먼저 도착하니 군사 수백 명에 말이 오륙십 필이 되어 비로소 길을 떠날 수 있게 되었다.

떠날 때 사약19) 최언준이 나와서 "궁중 사람들이 어제도 먹

---

16) 저녁 7시에서 9시 사이.
17) 장단 남쪽 30리 지점에 있던 역.
18) 임금이 중요한 임무를 위하여 파견하던 임시 벼슬.
19) 조선 시대 때 대전(大殿) 및 각 문의 열쇠를 보관하는 일을 맡아보던 정6품 잡직.

지 못했고 오늘도 또한 먹지 못했으니 좁쌀이라도 구해서 시장기를 면해야만 떠날 수 있겠습니다"라고 말하고서, 남억의 군사가 가지고 있던 양식에서 쌀과 좁쌀을 섞어 두세 말을 찾아내어 안으로 들어갔다.

낮에 초현참[20]에 이르렀다. 조인득이 미리 와서 길 가운데 장막을 치고 맞이하니, 많은 조정의 신하들이 그제야 밥을 먹을 수 있었다. 저녁에 개성에 이르러 임금께서는 남문 밖 공서에 거처하셨다. 대간들이 글을 번갈아 올려 영의정 이산해가 당파를 만들어 나랏일을 그르쳤다고 탄핵했고 파직을 주장했으나, 임금께서는 그것을 받아들이지 않으셨다.

2일에도 대간들이 또 글을 올려 영의정의 파직을 요청하여 결국 영의정이 파직되고, 내가 영의정으로 승진되었다. 최흥원이 좌의정이 되고 윤두수가 우의정이 되었으며, 함경북도 병사 신할은 해임되었다.

이날 낮에 임금께서는 개성의 남성 문루에 나가서서 백성을 위로하며 타이르시고 각기 마음에 품고 있는 것을 말하라 하셨는데, 한 사람이 나와서 엎드렸다. 임금께서는 무슨 말을 하려는가 하고 물으시니, 그 사람이 대답하기를 "원컨대 정 정승(정철)을 불러들이십시오"라고 했다.

---

20) 장단 서쪽 20리쯤에 있던 역참.

정철은 이때 강계에 귀양을 가 있었다. 그래서 그렇게 말한 것이다. 임금께서 알았노라 하시고 곧바로 정철을 불러 행재소로 오도록 명했다. 저녁때 행궁으로 돌아오시고, 나를 나랏일을 그르쳤다는 죄로 영의정에서 파면시켰다. 유홍을 우의정으로 삼았으며, 최흥원과 윤두수를 차례로 승진시켜 각각 영의정과 좌의정이 되었다.

적군이 아직 한양에 오지 않았다는 소식이 전해지자, 모두가 한양을 버리고 떠난 것이 실수였다고 나무랐다. 결국 승지 신잡에게 한양으로 돌아가 형세를 살피도록 했다.

5월 3일에 적군이 한양에 들어오니, 유도대장 이양원과 원수 김명원이 모두 달아났다.

처음에 적군이 동래에서 세 길로 나누어 올라왔는데, 그중 한 부대는 양산·밀양·청도·대구·인동·선산을 거쳐 상주에 이르러 이일의 군사를 패퇴시켰다. 다른 한 부대는 경상도 서부 지방으로 진격하여 장기·기장을 거쳐 좌병영인 울산을 거쳐 경주·영천·신녕·의흥·군위·비안을 차례대로 함락한 다음, 용궁의 하풍진을 건너 문경으로 나와 경상 좌도와 우도의 중간 지대로 올라온 부대와 합쳐 조령을 넘어 충주로 들어왔다. 충주에서 다시 두 길로 나누어 한 부대는 여주 방면으로 진격하여 강을 건넌 다음 양근에서 용진을 건너 한양 동쪽으로 들어왔고, 다른 한 부대는 죽산·용인 방면으로 진격하여 한강 남쪽으로 들어왔다.

그리고 동래에서 갈라진 또 다른 한 부대는 김해를 거쳐 성주·무계현으로 와서 강을 건너 지례·금산을 지나 충청도의 영동으로 나와 청주로 진격하여 함락하고 경기도로 향하여 쳐들어왔다.

깃발과 창칼이 천 리에 깔렸고, 풋소리도 잇따라 들렸다. 적들은 지나가는 곳마다 혹은 10리 또는 50~60리 간격으로 험준한 곳을 골라 진영과 방책을 설치하고 군사를 남겨 지키게 하며, 밤에는 불을 켜서 서로 신호를 보내곤 했다.

도원수 김명원은 제천정[21]에 있다가 적군이 오는 것을 보고서 감히 나가서 싸우지 못하고, 병기와 화포와 기계를 모두 강물에 집어넣은 뒤 다른 옷으로 갈아입고 도망치려 했다. 이때 종사관 심우정이 완강하게 말렸으나 김명원은 듣지 않았다.

이양원은 성안에 있다가 한강을 수비하던 부대가 이미 흩어져 달아났다는 소식을 듣고는 한양을 지키지 못할 거라 생각하고 역시 양주로 달아났다.

---

21) 한강 북쪽에 있던 정자. 명나라 사신들이 경치를 즐겼던 곳이자 국왕이 수전水戰을 관람하던 곳이기도 함.

강원도 조방장 원호는 처음에 군사 수백 명을 거느리고 여주 북쪽 언덕을 지키면서 적군과 서로 버티니 적군이 감히 건너오지 못하고 며칠이나 강 남쪽에 발이 묶여 있었다. 그러나 얼마 후에 강원도 순찰사 유영길이 격문을 보내어 원호를 불러 강원도로 돌아오게 했다. 그러자 적군은 마을의 민가와 관사를 헐어서 그 재목으로 기다란 뗏목을 만들어 강을 건너는데, 강을 반쯤 건넜을 때에 뗏목이 물에 떠내려가는 바람에 죽은 사람이 매우 많았다. 하지만 원호는 이미 가버리고 강가에는 지키는 이가 한 사람도 없었으므로 적군은 여러 날에 걸쳐서 강을 건널 수 있었던 것이다. 이리하여 세 방향으로 나누어 진격한 적군이 모두 한양에 들어왔으나 한양 성안의 백성들은 이보다 먼저 흩어져 한 사람도 남아 있지 않았다.

김명원이 한강을 빼앗기고 행재소로 오는 도중 임진강에 이르러 장계를 올려 전쟁 상황을 아리니, 조정에서는 그에게 다시 경기도와 황해도의 군사를 징발하여 임진강을 지키도록 명하시고, 또 신할에게 명령하여 김명원과 함께 임진강을 같이 지켜서 적군이 서쪽으로 내려오는 길을 막도록 했다. 임금께서는 개성을 떠나 금교역²²⁾에 머물렀다. 나는 비록 파직되어 맡은 일이 없는 몸이지만 감히 뒤떨어질 수 없어서 함께 따라갔다.

22) 한양에서 서북쪽으로 30리, 개성의 서쪽에 있던 역. 명나라 사신이 올 때와 명나라로 돌아갈 때 반드시 이 역에서 잤다고 함.

4일, 임금께서는 홍의·금암·평산부를 지나 보산역[23])에 머물렀다. 처음 개성을 출발할 때, 급작스러워서 종묘의 신주들을 목청전[24])에 두고 떠나왔는데, 종실 중의 한 사람이 울면서 아뢰기를 "신주를 적의 수중에 버려둘 수는 없습니다" 하여 밤을 새워 개성으로 달려가 신주를 도로 모셔 갔다고 한다.

5일에 임금께서는 안성·용천·검수역을 지나 봉산군에 머물렀다.

6일에는 황주에 가서 머물고, 7일에는 중화군을 지나 평양으로 들어갔다.

3도(경상·전라·충청)의 순찰사들이 거느린 군사들이 용인에서 패전했다.

처음에 전라도 순찰사 이광이 본도 군사를 거느리고 한양에 들어와 도우려 했으나, 임금께서 서쪽으로 피란하셨다. 한양이 이미 함락되었다는 소식을 듣고는 군사를 거두어 전주로 돌아가니 전라도내 백성들 중에 몇몇은 이광이 싸우지도 않고 돌아왔음을 탓하고 비난하며 원통하게 여겨 불평했다. 이광 자신도 마음이 편하지 않아서 다시 군사를 징발하여 충청도 순찰사 윤

---

23) 평산부 북쪽 20리 지점에 있던 역.
24) 개성에 있는 태조의 옛집.

국형과 군사를 합쳐 앞으로 나아갔다. 경상도 순찰사 김수도 자신의 도에서 군관 수십여 명을 거느리고 와서 합치니 군사의 수효가 총 5만이 넘었다.

용인에 이르러 북두문산 위를 바라보자 적군의 작은 보루[25] 가 보였다. 이광은 이것을 깔보고 먼저 용사 백광언과 이시례 등을 시켜 적군을 시험해보게 했다. 백광언 등이 선봉대를 거느리고 산에 올라 적의 보루에서 10여 보밖에 떨어지지 않는 지점까지 다가가서 말에서 내려 활을 쏘았으나 적군은 나오지 않았다.

적군은 해가 저문 후에 백광언 등과 그가 거느린 군사들이 조금 해이해진 것을 보고 칼을 빼들고 크게 소리 지르면서 뛰어나왔고, 이에 백광언 등이 매우 당황하여 허겁지겁 말을 찾아 타고 도망가려고 했으나 미처 달아나지 못하고 모두 적에게 살해되었는데, 여러 군사들이 이 말을 듣고 놀라고 두려워했다.

당시 순찰사 세 사람은 모두 문인이어서 전쟁에 익숙하지 못했다. 비록 군사의 수는 많았으나 호령이 일관되지 못했고, 또한 험하고 중요한 길목에 웅거하여 방어물을 설치할 줄도 몰랐다. 그야말로 옛사람이 "군사 행동을 봄놀이 하듯 하니 어찌 패전하지 않을 수 있겠는가?"라고 한 말 그대로였다.

---

25) 적의 침입을 막기 위해 돌이나 콘크리트 따위로 튼튼하게 쌓은 구축물.

피난길에 오르는 선조의 어가 행렬

　이튿날 적군은 우리 군사가 분명히 겁낼 거라 생각하고 몇 사람이 칼을 휘두르며 여유있게 용기를 자랑하면서 아군 쪽으로 달려 나왔는데, 우리 삼도 군사들은 이것을 바라보고는 산이 무너지는 듯 크게 소리를 지르며 걷잡을 수 없이 흐트러져버렸다. 수없이 내버려진 군수품과 버린 기계器械는 셀 수 없을 정도로 그 수량이 많아서 길을 메워 사람이 다닐 수가 없었는데, 적군은 이것을 가져다 모두 불살라버렸다. 이광은 전라도로 돌아가고, 윤국형은 공주로 돌아갔으며, 김수는 경상우도로 각각 돌아갔다.

부원수 신각이 양주에서 적군과 싸워 패퇴시키고 60명의 머리를 베었는데, 조정에서는 선전관을 보내 신각을 베어 죽였다.

신각은 처음에는 김명원을 따라가 부원수가 되었으나 한강 싸움에서 패전한 후 김명원을 따라가지 않고 이양원을 따라 양주로 갔다. 그런데 때마침 함경남도 병사 이혼의 부대가 도착하여 신각은 함경도의 군사들과 힘을 합쳐 적군을 격파했다. 적은 그때 한양을 차지하고 있었고, 성 밖으로 나와 민가를 노략질하다가 신각과 맞닥뜨린 것이었다. 왜군이 우리나라에 들어온 이래 처음으로 거둔 승리이므로 소식을 들은 사람들은 모두 뛰면서 좋아했다.

그런데 김명원이 임진강에서 장계를 올려 "신각은 지휘에 복종하지 않으며, 제 마음대로 다른 곳으로 떠났습니다"라고 하니, 이 보고를 받고 우의정 유홍은 그가 군율을 어겼다 해서 대번에 사형에 처하도록 임금에게 청했던 것이다.

그런데 선진관이 떠나고 나서야 신각이 전쟁에서 이겼다는 보고가 올라왔으므로 조정에서 사람을 뒤쫓아 보내어 사형 집행을 중지시키려 했으나 미처 도착하기 전에 신각은 죽고 말았다.

신각은 비록 무인이지만 본디 청렴하고 조심성이 있는 사람이었다. 전에 연안 부사로 있을 때 성을 수축하고 참호[26]를 파며 무기 등 장비를 많이 준비해두어 훗날 이정암이 연안을 지켜 성을 완전하게 보전할 수 있었는데, 사람들이 이것은 신각의 공이라 했다. 이번에 아무런 죄도 없이 죽었고 또 90세 되는 늙은 어머니가 살아 있으므로 듣는 사람들은 하나같이 신각을 불쌍하고 억울하게 여겼다.

지사 한응인을 보내 평안도의 압록강 연안 지방의 날랜 군사 3천 명을 거느리고 임진강으로 가서 적군을 치도록 했다. 그러나 원수 김명원의 지휘는 받지 말도록 했다. 이때 한응인은 명나라 수도에 갔다가 막 돌아왔는데 좌의정 윤두수가 여러 사람들을 보고 "이 사람의 얼굴에 복을 누릴 기상이 있으니 반드시 일을 잘 처리할 수 있을 것이오"라고 했다. 그리하여 한응인이 마침내 임진강으로 떠나갔다.

한응인과 김명원의 부대가 임진강에서 패전하니 적군이 임진강을 건너왔다.

처음에 김명원이 임진강 북쪽에 있으면서 여러 군사들에게 명령하여 강의 여울을 따라 나누어 지키도록 했고, 강 가운데 있는 배는 거두어 북쪽 언덕에 매어두었다. 적군이 임진강 남쪽에 진을 쳤으나 배가 없어 강을 건너지 못하고 다만 병사 몇 명

---

26) 야전에서 몸을 숨기면서 적과 싸우기 위해 방어선을 따라 판 구덩이.

만 출동시켜 강을 사이에 두고 서로 싸울 뿐이었다. 대치한 지 열흘이 지나도록 적군은 강을 건너지 못하고 있었다.

어느 날 적군이 강가에 있는 임시로 지은 집들을 불사르고 천막을 걷으며 무기를 거두어 수레에 실은 다음 물러가는 시늉을 하여 우리 군사를 유인했다. 신할은 본시 몸이 날쌔고 용감하기는 하지만 전략에는 밝지 못한 사람이었으므로 적군이 정말로 물러가는 것이라 생각하고서 강을 건너 적군의 뒤를 쫓으려했는데, 경기 감사 권징도 신할과 합세하니 김명원은 그들을 막을 수가 없었다.

이날 한응인도 임진강에 도착하여 군사 전원을 거느리고 적군을 쫓으려 했는데, 한응인이 거느린 군사들은 모두 압록강 연안 지방에서 뽑은 장사들이었다. 북쪽 오랑캐와 가까이 있어서 전쟁의 요령을 잘 아는 터라 한응인에게 "군사들이 먼 곳에서 오느라 피로하고 밥도 먹지 못했으며, 무기도 정비하지 못했습니다. 또한 후속 부대 또한 일제히 도착하지 않았고 적군이 물러가는 것이 진실인지 거짓인지 알 수 없사오니, 원컨대 조금 쉬었다가 내일 적군의 형세를 살핀 다음 나가 싸우도록 합시다"라고 건의했다.

그러자 한응인은 군사들이 일부러 머뭇거리며 나아가지 않는다고 여겨 그중에 두어 사람의 목을 베어 처형하여 군율을 과시했다. 김명원은 한응인의 작전이 옳지 않다고 생각했다. 그러나 한응인은 조정에서 갓 파견되어 왔으며 또한 자신의 지휘를 받지 말라는 지시까지 있었기 때문에 하는 일이 옳지 않은 줄 알면서도 감히 말하지 못했다.

별장 유극량은 나이가 많으며 싸움에 익숙한 터라 경솔히 나아가지 말도록 힘써 말했으나, 신할은 도리어 그의 목을 베려고 했다. 그러자 유극량이 "내가 젊은 시절부터 군대에 몸을 담아 왔는데 어찌 죽기를 피하려고 하겠습니까마는, 그토록 말씀드리는 것은 나랏일을 그르칠까 걱정스러워서 그런 것뿐입니다" 라고 말하며 분개하면서 뛰쳐나가 자신에게 소속된 군사를 거느리고 먼저 강을 건넜다.

우리 군사들이 이미 험난한 곳으로 들어가자, 적은 과연 날쌘 군사를 산 뒤에 매복해두었다가 한꺼번에 함께 일어나니 우리의 여러 군대는 모두 패전하여 뿔뿔이 달아났다. 유극량은 말에서 뛰어내려 땅바닥에 앉으면서 "여기가 내가 죽을 곳이다" 라고 말하며 활을 당겨 적군 몇 사람을 쏘아 죽인 다음에 결국 적병에게 살해되었으며, 신할 또한 전사했다. 군사들은 간신히 달아나 강 언덕까지 왔으나 강을 건너지는 못하고 바위 위에서 스스로 몸을 던져 강물에 뛰어들었다. 그 모습이 마치 바람 속에 어지럽게 흩어지는 낙엽과 같았다. 미처 강에 몸을 던지지 못한 군사는 적군이 뒤에서 쫓아와 긴 칼로 내리쩍으니 모두가 엎드려 칼만 받을 뿐이었고 아무도 감히 저항하지 못했다.

김명원과 한응인은 건너편 강 북쪽에 있다가 이 모양을 바라보고 그만 기가 꺾였다.

상산군 박충간이 때마침 군중에 있다가 말을 타고 먼저 달아나니, 군사들은 그를 바라보고 김명원으로 여겨 모두 외치기를 "원수가 도망간다!"라고 했다. 그 소리에 강여울을 지키던 군사들도 모두 흩어져버렸다.

김명원과 한응인이 행재소에 돌아왔으나 조정에서는 이 일의 책임을 묻지도 않았다. 경기 감사 권징은 가평군에 들어가 난을 피하고 있었고, 적군은 마침내 승승장구하는 기세를 타고 서쪽으로 내려오니 우리 측에서는 방어할 수가 없었다.

적군이 함경도로 들어오니 임해군과 순화군 두 왕자가 적의 수중으로 떨어졌고, 왕자를 수행하러 따라간 신하 김귀영, 황정욱, 황혁과 본도 감사 유영립, 함경북도 병마절도사 한극함 등이 모두 붙잡혔으며, 함경남도 병마절도사 이혼은 도주하여 갑산까지 갔다가 그곳에 있는 우리 백성들에게 살해되었다. 그리하여 함경남북도의 군현이 모두 적군에게 점령당했다.

일본어 통역관 함정호란 사람이 한양에 있다가 적의 장수 가토 기요마사에게 붙잡혀 그를 따라 함경도로 들어갔는데, 적군이 물러간 후에 한양으로 도망쳐 돌아와서 나에게 당시 북도의 사정을 자세히 이야기해 주었다.

가토 기요마사는 적의 장수 중에서도 가장 용맹스럽고 싸움을 잘했는데, 고니시 유키나가와 함께 임진강을 건너서 황해도 안성역에 이르러서는 각각 평안도와 함경도를 나누어 공격하기로 하고 각각 그 분담 지역을 정하는 데 의견이 맞지 않았다. 쉽게 결정을 보지 못하자, 두 적장이 제비를 뽑아 고니시 유키나가는 평안도로 가고 가토 기요마사는 함경도로 가게 되었다.

이에 가토 기요마사는 안성에 사는 백성 두 사람을 사로잡아 길잡이로 삼고자 했는데, 두 사람이 모두 이곳에서 나서 자랐으므로 북쪽 지리에는 밝지 못하다고 길잡이 하기를 회피하자 가토 기요마사가 당장 한 사람을 베어 죽이니 남은 한 사람이 겁이 나서 길을 인도하겠다고 나섰다. 이리하여 가토 기요마사는 곡산에서부터 노리현을 넘어 철령 북쪽으로 나와 하루에 수백 리 길을 달리는데, 그 형세가 비바람이 몰아치는 것과 같았다.

그 무렵 북도 병사 한극함은 6진의 군사들을 거느리고 해정창[27]에서 적군과 만났는데, 북도 군사들은 말타기와 활쏘기를 잘하는 데다 마침 땅이 평탄하고 넓어서 적을 만나자 왼쪽과 오른쪽에서 번갈아 나와 말을 달리면서 정신없이 활을 쏘아 대

---

27) 두만강 하류 녹둔도의 맞은편 해안 지대에 있던 지명으로 창고가 있었음.

었다. 그러자 마침내 적군은 지탱하지 못하고 창고 속으로 쫓겨 들어갔다. 이때 이미 해가 저물었으므로 군사들은 조금 쉬었다가 적군이 나오는 것을 기다려 내일 다시 싸우고자 했으나, 한극함은 듣지 않고 군사를 지휘하여 적군을 포위했다.

이에 적군은 창고 속에서 곡식 몇 섬을 꺼내어 나란히 늘어놓아 성처럼 만들고 그 안에서 우리 군사의 화살과 돌을 피하면서 연달아 조총을 수없이 쏘니, 우리 군사는 빗살과 같이 죽 늘어서서 겹겹이 서 있었으므로 탄환은 맞으면 반드시 관통했고, 간혹 총탄 한 알에서 서너 명이 쓰러지기도 하여 마침내 우리 군사는 무너지고 말았다. 한극함은 남은 군사를 거두어 고개 위에 진을 치고 날이 밝기를 기다려 다시 싸우고자 했다.

그런데 밤중에 적군이 몰래 나와서 우리 군사를 둘러싸고 풀속에 흩어져 매복해 있었다. 이튿날 자욱한 아침 안개 속에서 우리 군사는 아직도 적군이 산 밑에 있다고 생각했다. 하지만 갑자기 한 방의 총소리가 나더니 사면에서 적군들이 고함을 치면서 뛰어왔고 우리 군사는 이 느닷없는 기습에 놀라서 맥없이 무너졌는데, 장수와 군사들은 적군이 없는 곳을 찾아 도망치느라고 모두 진흙 속에 빠졌고, 이를 적군이 쫓아와서 칼로 베니 죽은 사람이 수없이 많았으며, 한극함은 도망쳐 경성으로 들어 갔다가 마침내 적에게 사로잡혔다.

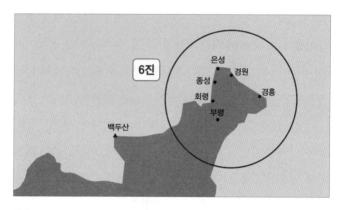

6진
조선 세종 때 여진족의 습격에 대비해 설치한 국방상의 요지를 말한다.

  두 왕자 임해군과 순화군은 모두 회령부로 갔다. 순화군은 처음에는 강원도에 있었는데, 적군이 강원도에 들어오므로 북쪽으로 길을 바꾸어 향했다. 이때에 적군이 왕자를 끝까지 쫓으니, 회령의 아전 국경인이 그 무리를 거느리고 배반하여 적이 들어오기도 전에 먼저 왕자와 따라온 신하들을 묶어놓고 적장을 맞이했다. 적의 장수 가토 기요마사는 그 묶은 것을 풀어 군중에 머물게 하고, 왕자와 신료들을 데리고 함흥으로 돌아와 주둔했다.

  칠계군 윤탁연만은 홀로 수행 도중에 병이 있다고 핑계를 대고 딴 길로 해서 별해보로 깊이 들어갔고, 동지중추부사 이기는 왕자 순화군을 따라가지 않고 강원도에 머물러 있었기 때문에 모두 적에게 잡히지 않았다.

유영립은 적에게 며칠 동안 잡혀 있었는데, 그는 적의 감시가 조금 해이해진 틈을 타서 빠져나와 행재소로 돌아왔다.

이일이 평양에 도착했다.

이일은 이미 충주에서 패전하여 한강을 건너 강원도 경계까지 들어갔다가 이리저리 옮겨서 이곳 행재소로 온 것이다. 이때 여러 장수들은 한양에서 남쪽 전선으로 내려가 도망치기도 하고 죽기도 했다. 그래서 임금 형렬을 호위해 따라오는 사람이 한 사람도 없었다. 그런 상황에서 적군이 장차 이곳 행재소에 이를 것이라는 말을 듣고 사람들은 더욱 겁에 질려 버릴 수 밖에 없었다. 그럴 때 마침 이일이 온 것이다. 그는 무장들 중에서도 본래부터 대단한 명망이 있었으므로, 싸움에 패해 도망쳐오기는 했지만 사람들은 그가 왔다는 말을 듣고 기뻐했다.

이일은 벌써 싸움에 여러 번 패하여 가시덤불 속에 숨어 다니던 터였다. 패랭이[28]를 쓰고 흰 베적삼을 입고 짚신을 신어 초라한 모습으로 왔는데, 얼굴이 몹시 파리하니 보는 사람들마다 탄식했다. 나는 여행 자루를 뒤져서 남색 비단 철릭[29]을 꺼

---

28) 댓가비로 엮어 만든 갓의 한 종류.
29) 허리에 주름이 잡히고 큰 소매가 달린 무관의 공복.

내주며 말했다. "이곳 사람들이 장차 그대에게 의지하여 든든하게 믿고자 하는데, 용모가 이렇게 초라하니 어떻게 여러 사람의 마음을 위로할 수 있겠소?"

그러자 여러 신하들도 나서서 어떤 사람은 말총으로 만든 갓도 주고 은정자[30]와 채색 갓끈도 주니 당장에 바꾸어 입어서 옷의 장식은 한결 새롭게 되었으나 다만 신을 벗어주는 사람이 없어서 짚신을 그대로 신고 있었다. 내가 웃으면서 "비단 옷에 짚신은 격이 서로 맞지가 않는군"이라고 하니, 좌우에 있던 사람들이 모두 웃었다.

조금 있으려니 벽동[31]에 사는 병사 임욱경이 적군이 이미 봉산에 왔다는 것을 탐지하여 보고해 왔기에 나는 좌의정 윤두수에게 "적의 척후병은 이미 대동강을 건너와 있을 것입니다. 강물은 여기 영귀루[32] 아래에서 두 갈래로 갈라져 흐르고 있는데, 물이 얕아 배가 없어도 건널 수 있습니다. 만일 적군이 우리 백성을 길잡이로 세워 강을 몰래 건너서 갑자기 쳐들어온다면 성이 위태로울 텐데, 어찌 이일을 급히 보내 물이 얕은 강여울을 지키게 하여서 뜻밖의 변고를 예방하도록 하는 것이 좋지 않겠습니까?"라고 했다.

---

30) 갓 꼭대기에 다는 은제 장식을 일컬음.
31) 압록강 연안에 있던 고을로 평안북도 벽동군에 있음.
32) 대동강의 서북안에 있음.

그러자 윤공도 "그렇습니다" 하고 곧 이일을 보내도록 했는데, 그때 이일이 거느린 강원도 군사가 겨우 수십 명뿐이었으므로 다른 군사들을 더 보태도록 했다.

그런데 이일은 함구문[33]에 앉아서 군사만 점검하고 곧바로 떠나지 않았다. 나는 일이 급하다고 생각하고 있었으므로, 사람을 보내어 살펴보게 하니 그때까지 이일은 아직 함구문 위에 있더라고 했다. 나는 윤공에게 잇따라 말하여 빨리 재촉해 보내라고 했더니 이일이 그제야 떠나갔다.

이일이 이미 성 밖에 나갔으나 길을 인도하는 사람이 없어 방향을 잘못 잡았다. 대동강 서쪽으로 잘못 가다가 길에서 성으로 들어오던 평양 좌수 김내윤을 만나서 그에게 길을 묻고 인도하게 하여 만경대 아래로 달려가니 그곳은 성에서 겨우 10여 리 정도밖에 되지 않는 곳이었다.

강의 남쪽 언덕을 바라보니 적군이 벌써 와 모인 것이 이미 수백 명이나 되었으므로, 강 가운데 작은 섬에 사는 백성들이 놀라서 부르짖으며 허겁지겁 달아나고 있었다.

이일이 급히 무사 10여 명을 시켜 섬 가운데로 들어가서 활을 쏘도록 했으나, 군사들이 겁을 내어 선뜻 나서지 못하고 머뭇거리다가 이일이 목이라도 벨 기세로 칼을 빼어들자 그제서

---

33) 평양성의 남문.

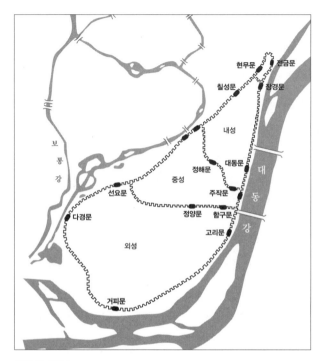

평양성 배치도

야 군사들이 앞으로 나아갔다.

　이때 적군은 벌써 강물을 건너 언덕으로 가까이 오고 있었다. 우리 군사들이 급히 센 활로 쏘아 연달아 예닐곱 명을 쓰러뜨렸고 적군은 마침내 물러갔다. 이일은 그대로 머물러 그 건널목을 지켰다.

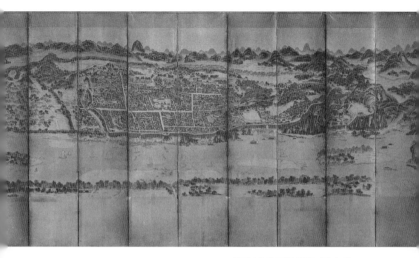

평양성도(국립중앙박물관 소장)

명나라 요동 도사[34])가 왜적의 상황을 탐지하기 위해 진무 임세록을 우리나라로 보냈다.

  그 소식을 들으신 임금께서는 대동관[35])에서 임세록을 접견 하셨다.

  나는 5월에 관직에서 파면당했다가 6월 초하루에 복직이 되 었는데, 이날 임금의 명령을 받아 명나라 장수를 대접하게 되

---

34) 명나라 요동성의 군정을 맡은 관직으로 총병관을 말함.
35) 조선 시대 때 평양에 중국 사신을 접대하기 위하여 만들었던 객관.

었다.

요동에서 왜적이 우리나라를 침범했다는 말을 들은 지 얼마 지나지 않아 한양이 함락되고 임금께서 평안도 쪽으로 피란했다는 소식을 들었다. 그런데 또 왜병이 이미 평양까지 이르렀다는 말을 들었고, 그 소식이 사실인지 아닌지 매우 의심이 들었다. 왜란이 아무리 급박하기로서니 이렇듯 빠를 수는 없을 것이라 여겼기 때문이다. 어떤 사람은 우리나라가 왜적의 앞잡이가 되어 명나라를 침범하려는 것이라는 말까지 했다.

임세록이 이일 때문에 왔으므로 나는 그와 함께 연광정에 올라 왜적의 형세를 살펴보았다. 그때 왜병 한 명이 강 동쪽 숲속에서 나와 잠시 나타났다 숨었다 하더니 조금 후에 왜병 두세 명이 잇따라 나와서 앉기도 하고 서기도 했는데, 그 태도가 마치 길을 가던 사람이 잠시 쉬어가는 듯 매우 편안하고 한가로워 보였다.

내가 임세록에게 이것을 가리켜 보이면서 "저놈들이 왜병의 척후병들입니다"라고 하니, 임세록은 기둥에 기대어 바라보는 믿을 수 없다는 기색을 보이고서 "왜병이 어찌 저렇게 적을 수가 있겠소?"라고 물었다. 그래서 나는 "왜적은 간사하고 교활한 수단으로 남을 속이는데, 비록 많은 군사가 뒤에 있더라도 먼저 와서 정탐하는 자는 몇 놈에 지나지 않습니다. 만약 그 적은 수효만 보고 그들을 깔본다면 반드시 적군의 꾀에 빠지게 될 것입니다"라고 했다. 그러자 임세록도 이제야 알겠다는 듯이 "예, 예" 하고는 빨리 회답하는 문서를 달라고 하여 그것을 받아서 돌아갔다.

조정에서는 좌의정 윤두수에게 명하여 도원수 김명원과 순찰사 이원익 등을 거느리고 평양을 지키도록 했다.

며칠 전에 임금께서 평양을 떠나 피란을 가신다는 말을 듣고는 성안 사람들이 제각기 도망가고 흩어져서 마을이 거의 텅비게 되었다. 그래서 임금께서는 세자에게 명하여 민심을 달래라고 명하셨다.

세자가 대동관의 문에 나가서 부로들을 모아놓고 평양을 끝까지 굳게 지킬 것이라고 설명했다. 그러나 부로들은 그 말을 순순히 믿으려고 하지 않았다.

"동궁의 명령만 듣고는 백성들이 마음으로 믿지 않사오니, 반드시 상감께서 친히 말씀하셔야 믿을 수 있겠습니다"라고 했다. 하는 수 없이 그 이튿날 임금께서 대동관의 문에 나가서 승지를 시켜 타이르시니, 수십 명의 부로들이 엎드려 통곡을 하고 명을 받들고 물러났다. 그러고는 각자 성 밖으로 나누어 나가서 산골에 숨어 있던 노약자와 부녀자, 젊은이들을 모두 불러 들여 성에 들어오니 성안에 다시 사람들이 가득 차게 되었다.

그러나 드디어 적군이 대동강가에 형체를 나타내자 재신 노직 등이 종묘와 사직의 위패를 모시고, 궁인을 호위해 먼저 성문을 나갔다. 이에 성안에 있는 아전들과 백성들이 난을 일으켜 손에 몽둥이와 칼을 빼어들고 길을 가로막고는 함부로 쳐서 종묘 사직의 신주를 길바닥에 떨어뜨리고, 따라가는 재신들을 가리켜 크게 꾸짖으며 "너희들은 평소에 하는 일도 없이 나라의 녹만 도적질하다가, 이제는 이 모양으로 나랏일을 그르치고 백성들을 속이기를 이와 같이 한단 말이냐?"라고 했다.

내가 연광정에서 임금이 계신 곳으로 달려가면서 살펴보니, 길 위에 모인 부녀와 어린 아이들이 모두 성이 나서 머리털을 곤두세우고 서로 외치기를 "애초에 성을 버리고 도망칠 작정이 었다면 무슨 까닭으로 우리들을 속여 성안으로 들어오게 했다가 우리들만 왜적의 손에 어육[36]을 만들게 한단 말인가?"라고 했다.

행궁의 문밖에 이르니 성난 백성들이 거리에 가득한데, 모두 팔뚝을 걷어붙이고 칼이나 몽둥이를 가지고서 사람을 만나는 대로 후려치니 매우 소란스럽고 북적거려서 제지할 수가 없었다. 조정에 있던 여러 신하들은 모두 얼굴빛이 변하여 뜰 가운데 서 있었다.

나는 난민들이 문안으로 들어올까 걱정되어 문 밖 층계 위에 나가 서서 난민들을 둘러보았다. 그중에서 나이가 지긋하고 수

---

36) 아무런 저항도 하지 못하고 남에게 죽음을 당하기를, 생선과 짐승의 고기 처럼 마음대로 베어먹도록 버려둔다는 말.

염이 긴 사람이 눈에 띄어 손짓으로 가까이 불러보았다. 그 사람이 곧바로 다가왔는데, 바로 그 지방의 관리였다. 나는 그 사람에게 타이르기를 "너희들이 힘을 다하여 이 성을 지키며 끝까지 임금을 모시려고 하니 나라를 위하는 충성은 지극하다. 그런데 다만 이 일로 소란을 일으키고 임금께서 머무시는 곳을 소란하게까지 하니 대단히 놀랄 만한 일이다.

또한 조정에서도 지금 성을 굳게 지키자고 아뢰었고 임금께서도 이미 허락하셨는데, 너희들은 무슨 까닭으로 이렇게 야단스러운가? 네 모양을 보건대 제법 식견이 있는 사람 같으니 모름지기 이 뜻을 여러 사람들에게 타일러서 물러가게 하여라. 그렇지 않으면 너희들은 용서받을 수 없는 큰 죄를 짓게 될 것이다"라고 했다.

그러자 그 사람은 곧바로 몽둥이를 버리고 두 손을 모으며 "소인들은 나라에서 이 성을 버리고자 한다는 말만 듣고 분개한 기운을 견디지 못하여 이렇게 함부로 날뛴 것인데, 지금 이런 말씀을 듣고 나니 어리석고 보잘것없는 소인네도 가슴속이 툭 트이는 것 같사옵니다"라고 말하고는 마침내 그 백성들을 지휘하여 해산시켰다.

이런 일이 있기 전에 조정의 신하들은 적군이 장차 가까이 온다는 말을 듣고 모두 나가 피란하기를 청했는데, 사헌부와 사간원, 홍문관에서도 날마다 대궐문 앞에 엎드려 합동으로 강력하게 건의했다. 인성 부원군 정철도 피란하여 성을 나가자는 주장을 내세웠다. 나는 말하기를 "오늘날의 사정은 지난번 한양에 있을 때와는 다릅니다. 한양은 군사와 백성이 모두 무너져 흩어지고 지키려 해도 지킬 수가 없었지만, 이 성은 앞이 강물에 막혀 있고 백성들도 굳게 지킬 각오가 되어 있습니다. 또 명나라 땅이 가까우니, 만약 며칠만 더 굳게 지킨다면 명나라 군사가 반드시 와서 구원할 것이며, 그 힘을 빌려서 적군을 물리칠 수 있을 것입니다. 그러나 만약 이곳을 떠나면 이곳에서부터 의주에 이르기까지 더 이상 의지하여 버틸 만한 곳이 없으므로, 끝내 나라가 망하는 지경에 이르게 될 것입니다"라고 하니, 좌의정 윤두수도 내 의견에 동의했다.

나는 정철에게 다시 청하기를 "평소에 공은 의기가 강개하여 험난한 일을 피하려 하지 않을 줄 알았는데, 오늘날 그런 말씀을 하시다니 차마 이럴 줄은 생각하지 못했습니다"라고 했다.

좌의정 윤두수는 문산[37]의 시 한 구절을 읊었다. "내가 칼을 빌려 아첨하는 신하의 목을 베고 싶구나!" 그러자 정철은 크게 화를 내고 옷소매를 떨치며 일어나 가버렸다. 평양 사람들도 내가 성을 지키자고 주장한 것을 들어 알았기 때문에, 이날 내 말을 듣고는 순순히 순종하면서 물러간 것이다.

---

37) 남송 말기의 충신 문천상의 호.

이날 저녁 무렵에 평안 감사 송언신을 불러 난민을 진정시키지 못한 일을 추궁했다. 송언신이 앞장서서 선동한 사람 세 명을 적발해서 대동문 안에서 목을 베어 죽이자, 나머지 무리들은 모두 흩어져 가버렸다.

이때는 벌써 성을 떠나 피란하기를 결정했으나 어디로 가야 할지는 정하지 못했는데, 조정의 신하들은 대부분 함경도가 지역이 외지고 길이 험난해서 적병을 피할 만한 곳이라 주장했다. 실제로는 이때 적병이 이미 함경도를 침범했지만, 길이 통하지 않았고 또 적의 침범을 보고하는 사람이 없었으므로 조정에서는 알지 못한 것이다. 이에 동지중추부사 이희득이 전에 영흥 부사로 있을 때 어진 정사를 베풀어 민심을 얻었다는 이유로 그를 함경도 순찰사로 삼고, 병조좌랑 김의원을 종사관으로 삼아 함경도로 가게 한 후, 중전과 궁녀들을 먼저 함경도를 향해서 떠나가도록 했다.

이에 나는 굳이 반대하여 아뢰기를 "임금께서 서쪽으로 떠나오신 것은 본시 명나라 군사의 원조에 힘입어 나라를 되찾기 위함이었습니다. 그런데 지금 이미 명나라에 군사 요청까지 했는데 도리어 북도로 깊이 들어가게 되면 중간에서 적병이 가로막아 명나라와 소식도 통할 길이 없을 터인데, 하물며 나라의 회복을 바랄 수 있겠습니까? 또한 적군이 여러 도로 흩어져 나아가고 있으니 어찌 북도에만 반드시 적병이 없을 거라고 할 수 있겠습니까? 그곳에 들어가셨다가 만약 불행하게 적군이 뒤따라 들어오게 되면 딴 곳으로 갈 길도 없고 다만 북쪽 오랑캐의 땅으로 갈 수 밖에 없으니 어느 곳에 의지할 수 있겠습니까? 그리 되면 참으로 큰 위기에 몰리지 않겠습니까? 지금 조정의 신하들의 가족들이 대부분 난을 피해 북도로 많이 가고 있습니다. 그래서 각자가 자신의 집만 생각해서 모두 북쪽으로 가는 것이 옳다고 말하고 있습니다.

신도 늙은 어머니가 계신데, 듣기로 동쪽 방면으로 피란을 나갔다고 합니다. 지금 비록 있는 곳은 정확히 알 수는 없사오나 반드시 강원도나 함경도 방면으로 들어갔을 것입니다. 신 또한 저의 개인적인 안위만을 생각하여 말한다면 어찌 북쪽으로 갈 뜻이 없겠습니까마는, 다만 국가의 큰 계책은 신하들의 개인 사정에 맞추어 결정할 수는 없으므로 감히 이토록 간절히 아뢰는 것입니다"라고 말했다.

이내 목이 메이고 눈물이 났다. 임금께서도 가엾게 여겨 말씀하시기를 "경의 어머님은 어느 곳에 있는가? 나의 탓이로구나!"라고 하셨다.

그러나 내가 이미 물러나온 후 지사 한준이 다시 혼자 임금을 뵙고 북쪽으로 가는 것이 옳다고 힘써 말하자, 마침내 중전께서 함경도로 향하시게 되었던 것이다.

이때 적군은 대동강에 도착한 지가 벌써 사흘이나 지난 때였다. 우리들이 연광정에 있으면서 강 건너편을 바라보고 있는데 왜병 한 명이 나무 끝에 조그만 종이를 달아 강가의 모래 바닥에 꽂고 가기에 화포장 김생려를 시켜 조그만 배를 타고 가서 그 종이를 가져오게 했다. 그 왜적은 무기를 가지지 않았으며 김생려와 악수를 하고 등을 두드리며 매우 친근하게 굴면서 편지를 보냈다. 좌의정 윤두수는 편지를 열어보려고 하지 않았다. 내가 "편지를 열어보는 것이 무엇이 해롭겠습니까?"라고 하여 열어보았다. 그 편지에는 "조선국 예조판서 이공 합하에게 드림"이라고 쓰여 있었는데, 이것은 다이라 시게노부와 겐소가 이덕형에게 보내는 편지로, 이덕형을 만나보고 강화 문제를 의논하고 싶다는 내용이었다.

이덕형이 작은 배를 타고 가서 다이라 시게노부와 겐소 두 사람을 강 가운데서 만났는데, 평소와 다름없이 안부 인사를 하고 난 다음 겐소가 "일본이 길을 빌려 명나라에 조공하고자 하는데 조선에서 이를 허락하지 않아 일이 이 지경에까지 이르렀습니다. 지금이라도 한 가닥 길을 빌려주어 일본으로 하여금 명나라와 통할 수 있도록 하면 아무 일이 없을 것입니다"라고 했다.

이덕형은 전일에 그들이 약속을 어긴 것을 책망하고, 또 그들이 군사를 철수한 후에야 강화를 의논하겠다고 맞섰다. 그러자 다이라 시게노부 등의 말이 자못 겸손하지 못하여 마침내 각기 헤어지고 말았는데, 이날 저녁에 적병 수천 명이 대동강의 동쪽 언덕 위에 진을 쳤다.

6월 11일, 임금께서는 평양을 떠나 영변으로 행차하셨다.

대신 최흥원·유홍·정철 등이 따랐다. 좌의정 윤두수는 원수 김명원, 순찰사 이원익과 함께 평양에 머물러 지키기로 했다. 나 역시 명나라 장수를 대접하기 위해 평양에 같이 머물러 있었다.

이날 적군이 성을 공격했다.

좌의정과 원수와 순찰사와 나는 연광정에 있었고, 본도 감사 송언신은 대동성의 문루를 지키고, 병사 이윤덕은 부벽루 뒤쪽 강여울목을 지키고, 자산 군수 윤유후 등은 평양성의 동문인 장경문을 지키고 있었다. 성안에 군사와 백성들이 모두 3~4천 명이 있어 그들에게 성첩을 나누어 지키도록 했다.

그러나 군사 배치가 정돈되지 못하여 성 위에 사람이 빽빽한 데도 있고 드문드문한 데도 있었으며, 사람 위에 사람이 겹쳐 어깨와 등이 서로 부딪치기도 했고, 두어 성첩을 연달아 한 사람도 배치되지 않은 곳도 있었다. 을밀대 근처 소나무 가지에 옷을 여기저기 걸어놓아서 마치 군사들이 매복해 있는 양 꾸며놓았다. '의병疑兵'[38]이라는 것이다.

강 건너편을 바라보니 적군도 또한 그다지 많지는 않았다. 동대원 강기슭에 한 줄로 죽 벌려 서서 진을 이루고 있었는데, 붉고 흰 깃발을 늘어세운 것이 마치 우리나라 만장을 세운 모양과 같았다.

적군이 말 탄 군사 10여 명을 출동시켜 양각도를 향하여 강물 속으로 들어갔는데, 물이 말의 배에까지 찼다. 모두 고삐를 잡고 나란히 서서 장차 강을 건너올 것 같은 형태를 보이고 있었으며, 그 나머지 군사들 중 강가를 왔다 갔다 하는 사람은 한두 사람씩 혹은 서너 사람씩 큰 칼을 메고 있었는데, 햇빛이 칼날에 비치자 마치 번개처럼 번쩍번쩍 했다.

이것을 어떤 사람은 "진짜 칼이 아니고 나무로 만들고 백랍을 칠해서 남의 눈을 속이는 것이다"라고 했으나 멀어서 분간할 수 없었다.

또 적병 예닐곱 명이 강가에 이르러 성을 향하여 조총을 쏘았는데, 그 소리가 매우 웅장했다. 탄환이 강을 건너 성안에까지 떨어졌는데, 멀리 오는 것은 대동관까지 날아와 기왓장 위에 떨어졌으니 거의 천여 보나 날아온 셈인데, 성루 기둥에 맞은 것은 깊이가 두어 치나 뚫고 들어가기도 했다.

그중에 붉은 옷을 입은 적병이 연광정 위에 모여 앉아 있는

---

38) 적을 현혹시키기 위해 군사가 있는 것처럼 거짓으로 군사를 꾸밈.

사람들을 보고는 장수들인 줄 알고 조총을 들고 겨누면서 점차 앞으로 나와 모래사장까지 와서 탄환을 쏘았다. 정자 위에 있는 두 사람을 맞혔으나 거리가 멀었기 때문에 심한 부상은 당하지 않았다. 내가 군관 강사익을 불러 방패로 앞을 가리고 안에서 편전[39]으로 그 적병을 쏘게 했다. 화살이 강 건너 모래 위에 떨어졌는데 적병이 머뭇머뭇하다가 물러갔다.

원수가 활을 잘 쏘는 사람을 동원하여 날랜 배를 타고 강 가운데서 적병을 향해 쏘았는데, 아군이 강 가운데에서 활을 쏘며 배를 동쪽 언덕에 점점 가까워지게 저어 가니, 적병도 역시 물러나서 피했다.

우리 군사가 배 위에서 현자총통[40]을 쏘았는데, 서까래 같은 불화살이 날아와서 강을 지나 날아가자 적병이 쳐다보고는 모두 큰 소리로 떠들면서 흩어졌다가 화살이 땅에 떨어지자 앞다투어 모여들어 구경을 했다.

이날 병선兵船을 곧바로 정돈하지 않았다는 이유로 공방 아전 한 사람의 목을 베어 죽였다.

그 무렵 오랫동안 비가 오지 않아 강물이 날로 줄어들기 때문에, 단군·기자·동명왕의 사당으로 각각 신하들을 나누어 보내서 비를 내려 달라고 빌었으나 그래도 비는 내리지 않았다.

---

39) 짧고 작은 화살로 날카로워 갑옷이나 투구를 능히 뚫을 수 있음.
40) 대포의 한 종류.

내가 윤두수에게 "이곳은 강물이 깊고 배도 없으니 적병이 끝내 건너오지 못하할 것입니다. 그러나 이 물의 상류에는 얕은 여울이 많으므로 멀지 않아 적병이 반드시 그곳을 통해 강을 건너올 것이고, 건너온다면 성을 지킬 수 없을 텐데 어찌 엄중하게 방비하지 않습니까?"라고 했더니, 원수 김명원은 성질이 느려서 다만 "이미 이윤덕에게 명하여 지키게 하고 있습니다"라고 할 따름이었다.

나는 "이윤덕 같은 사람 따위를 어찌 믿고 있으리오?"라고 나무라고는, 순찰사 이원익을 지목하면서 "공들이 한곳에 모여 있는 것이 마치 잔치라도 하듯이 모여 앉아 있어서 일을 하는 데는 아무런 도움이 안 되니 가서 강의 여울목을 지키지 않으시렵니까?"라고 하자, 이 순찰사가 "만약 가보라고 명령하신다면 어찌 감히 힘을 다하지 않겠습니까?"라고 했다. 이원익의 대답을 듣고 윤두수가 "공이 가보시오" 하자, 이원익이 일어나 나갔다.

나는 당시 임금의 명령을 받아 명나라 장수를 대접하는 일만 할 뿐이었고 군사를 지휘하는 일에는 참여하지 않도록 되어 있었다. 하지만 가만히 생각해보니 우리 군사는 반드시 적군에게 패하고 말 것 같았다. 그래서 명나라 장수를 도중에 영접하여 한 걸음이라도 빨리 모셔 와서 우리를 구원하도록 해야할 것만 같았다.

그리하여 날이 저물었으나 마침내 종사관 홍종록·신경진과 함께 성을 나와서 밤이 깊을 무렵에 순안에 도착했다. 도중에 이양원의 종사관 김정목이 회양에서 오는 것을 만나 적병이 철령까지 왔다는 소식을 들었다.

이튿날 숙천을 지나 안주에 도착하니 요동 진무 임세록이 또다시 왔기에, 그에게서 공문을 받아 임금 계신 행재소로 보냈다. 그 이튿날 임금께서는 이미 영변을 떠나 박천으로 행차하셨다는 말을 듣고 나는 박천까지 달려갔다. 임금께서 동헌에 나와서 나를 불러 보시고 "평양은 지킬 수 있겠는가?"라고 물으시므로, 나는 대답하기를 "백성이 자못 굳은 각오를 하고 있으므로 지킬 수 있을 듯합니다마는, 구원병이 빨리 진군하지 않으면 안 되겠기에 신이 여기에 와서 명나라 군사를 맞이하고 빨리 달려가서 구원하도록 요청하고자 하는데, 지금까지 군사가 오는 것을 보지 못했사오니, 이 문제로 고민하고 있습니다"라고 했다.

임금께서는 윤두수가 올린 장계를 손에 들고 나에게 보이면서 "어제 벌써 늙은이와 어린이들을 성 밖으로 내보냈다고 하니 민심이 반드시 동요했을 텐데, 어떻게 능히 지킬 수가 있겠는가?"라고 말씀하시므로, 나는 대답하기를 "진실로 성상께서 걱정하시는 것과 같습니다. 신이 그곳에 있을 때는 이러한 일은 보지 못했사오나, 대개 그곳의 형세를 보건대, 적병이 반드시 얕은 여울목을 통해 강을 건너올 것이니 마름쇠⁴¹⁾를 물속에 많이 깔아서 방비해야 될 것입니다"라고 했다.

임금께서 이 고을에 마름쇠가 있는지 물어보셨다. "수천 개가 있습니다"라는 답을 들으시고는 "급히 사람을 모집하여 평양으로 보내도록 하라"라고 하셨다. 나는 또 아뢰기를 "평양 서쪽에 있는 강서·용강·증산·함종 등 고을에는 창고의 곡식이 많습니다. 그리고 백성도 많이 있는데, 적병이 벌써 가까이 왔다는 소식을 들으면 분명 놀라서 흩어질 것입니다. 그것을 대비하여 급히 시종 한 사람을 보내 달려가 인심을 진정시키고 또 군사를 정비하여 평양을 방어를 지원하게 하는 것이 좋겠습니다"라고 하자, 임금께서는 "누구를 보내야 하겠는가?"라고 하셨다.

나는 즉시 "병조정랑 이유징이 생각이 깊고 계략이 있으니, 그를 보내면 좋을 것입니다"라고 했다.

나는 다시 아뢰기를 "신은 일이 급해서 여기에서 지체할 수 없사오니 밤새 달려가서 명나라 장수를 만나보겠습니다"라 말하고, 물러난 뒤 이유징에게 임금 앞에서 아뢴 말을 전했다. 그러자 이유징은 깜짝 놀라면서 "그곳은 적병이 들끓는 곳인데 어찌 갈 수가 있겠습니까?"라고 하므로, 내가 그에게 "나라의

---

41) 끝이 송곳처럼 뾰족한 서너 개의 발을 가진 쇠못. 도둑이나 적을 막기 위해 흩어둠.

녹을 먹고 있다면 어려운 일을 피하지 않는 것이 신하된 도리인데, 지금 나랏일이 이토록 위급하니 비록 끓는 물과 뜨거운 불 속이라도 피하지 않아야 할 터인데, 어찌 이 한 번 걸음하는 것을 어렵게 여기는가?" 하며 책망하자, 이유징은 아무 말이 없었으나 원망스러운 기색을 띠었다.

내가 임금님을 하직하고 떠나와서 대정강[42]가에 이르니 날이 벌써 저물었는데, 광통원[43] 쪽을 돌아보니 들판에 흩어진 군사들이 하나 둘씩 계속해서 오기에, 나는 평양이 적에게 빼앗겼는가 의심스러워 군관 두어 사람을 보내 사람들을 데려오게 했다. 19명을 데리고 왔는데, 이들은 바로 의주·용천 등 고을의 군사들로 평양으로 가서강 여울목을 지키던 사람들이었다. 그들이 "어제 적군이 이미 왕성탄[44]에서부터 강을 건너오니 강가에 있던 우리 군사들이 무너지고, 병사 이윤덕도 달아났습니다"라고 했다. 나는 크게 놀라 곧바로 길에서 보고서를 써서 군관 최윤원에게 보내주고, 임금이 계신 행재소로 달려가서 보고하도록 했다.

밤에 가산군으로 들어갔다.

이날 저녁에 중전께서 박천에 이르렀는데, 길에서 적군이 이

---

42) 가산의 동남쪽을 흐르는 강.
43) 박천 남쪽 15리 지점에 있던 원.
44) 능라도 근처에 있는 대동강의 여울목.

미 북도에 들어왔다는 소식을 듣고서 더 이상 가지 못하고 되돌아온 성싶었다.

통천 군수 정구가 사람을 보내어 음식물을 보내왔다.

5장

평양성 전투

평양성이 함락되었다.

임금께서는 가산으로 행차하셨고, 동궁은 종묘사직의 신주를 받들고 박천에서 산골에 있는 고을로 들어갔다.

처음에 적군이 대동강 모래 위에 10여 둔[1]으로 나누어 풀을 엮어 장막을 치고 주둔하고 있었으나, 여러 날이 되도록 강을 건너지 못하자 경비가 자못 게을러지고 있었다. 김명원 등이 성 위에서 이 모양을 바라보고 밤을 틈타 습격하면 이길 것이라고 생각했다. 그래서 날쌘 군사를 뽑아 고언백 등에게 거느리게 하

---

1) 비교적 단순한 형태로 한 곳에 집결해 있는 군부대.

여 부벽루 아래 능라도 나루에서 몰래 배를 타고 건너게 했다. 당초에는 삼경2)에 적을 공격하기로 약속했다가 그만 시간을 놓쳐서 강을 다 건넜을 때는 벌써 먼동이 환하게 트였을 때였다. 그러나 적의 장막 속을 보니 적병은 아직 일어나지 않고 있었다.

드디어 제1진이 쳐들어가자 적군이 놀라서 요란해졌다. 토병 임욱경은 앞장서서 힘껏 싸우다가 죽었고, 우리 군사들은 활로 적군을 많이 쏘아 죽였으며 적의 말 3백여 필을 빼앗기까지 했다. 조금 후에 다른 둔의 적군이 모두 일어나 많은 군사들이 한꺼번에 몰려오자, 우리 군사는 물러나 도로 배에 타려 했다. 배 위에 있는 사람들은 적군이 가까이 뒤쫓아오는 것을 보고는 강 가운데에 떠 있으면서 배를 강가에 갖다 대지 못했고, 그 때문에 물에 빠져 죽은 군사가 수없이 많았다. 아군의 나머지 군사들은 강물을 가로질러 건넜다. 이리하여 적군들은 그제야 그곳이 물이 얕아서 건널 수 있음을 알게 되었다.

이날 저녁에 많은 적군들이 왕성탄을 따라 강을 건너오는데, 여울목을 지키는 우리 군사들은 감히 화살 하나도 쏘지 못하고 모두 흩어져 달아났다. 적군은 강을 건너와서도 우리 성안에 방비가 있는지 의심해서 머뭇거리고 가까이 오지 못했다.

---

2) 밤 11시에서 오전 1시 사이.

이날 밤에 윤두수와 김명원은 성문을 열고 성안 사람들을 모두 내보냈으며, 병기와 화포를 풍월루 못 속에 가라앉히고, 윤두수 등은 보통문3)으로 나와 순안에 도착했는데, 뒤따라오는 적군은 없었다. 종사관 김신원은 혼자서 대동문으로 나와 배를 타고 강물의 흐름을 따라 강 서쪽으로 향해 갔다.

이튿날 적군이 성 밖에 이르러 모란봉에 올라가 한참 동안을 바라보다가, 성이 텅 비어 사람이 없는 것을 알고 그제야 성안으로 들어왔다.

처음에 임금 일행이 평양에 도착했을 때 조정에서는 식량 조달 문제를 걱정하여 여러 고을에서 세금으로 거두어들인 곡식을 모두 실어 평양으로 운반해두었는데, 성이 함락되자 창고에 보관하고 있던 곡식 10만 석까지 모두 적군이 차지하게 되었다.

이때 내가 올린 장계가 박천에 도착했고, 또 순찰사 이원익과 종사관 이호민이 평양에서 와서 적군이 대동강을 건너온 상황을 보고했다. 그래서 밤중에 임금과 중전께서는 가산으로 향해 떠나시며 세자에게 명하여 종묘사직의 신주를 받들고 다른 길로 가서 사방에 있는 군사를 불러 거두어 나라를 되살릴 방법을 도모하도록 명했다.

---

3) 평양의 서문 밖 토성의 성문.

신하들도 나누어 따라가도록 했다. 영의정 최흥원은 임금의 명령을 받아 세자를 따라나섰는데, 우의정 유홍도 자청하여 세자를 따라가려 했으나 임금께서는 대답하시지 않았다. 임금의 행차가 출발하자, 유홍이 길가에 엎드려 하직하고 떠나가려고 했다. 내관이 여러 차례 우상 유홍이 하직하기를 청한다고 아뢰었으나 임금께서는 끝내 대답이 없으셨다. 유홍은 마침내 동궁을 따라 떠나갔다.

당시 윤두수는 평양에 있어서 돌아오지 않았으므로 임금이 계신 행재소에는 대신이라고는 없었고, 다만 정철이 예전 정승의 신분으로서 임금의 행차를 따라 가산에 도착하니 벌써 밤이 오경이 되었다.

임금께서 정주에 당도하셨다.

임금의 행차가 평양을 떠나온 후로는 인심이 무너져서 지나는 곳마다 난민들이 곧바로 창고에 들어가서 곡물을 털어갔다. 순안·숙천·안주·영변·박천 등 고을의 창고가 차례로 모두 약탈당했다.

이날 임금의 행차가 가산을 떠나는데 군수 심신겸이 나에게 말하기를 "이 고을에는 곡식이 자못 넉넉하고 관청에도 백미가 1천 석이나 있어 이것으로 명나라 구원병을 먹이려 했습니다.

그런데 불행히도 일이 이 지경에 이르렀으니 공이 이곳에 잠깐 동안 머물러 민심을 진정시켜주신다면 고을 사람들이 감히 동요하지 못할 것입니다. 하오나 그렇지 않으면 난동이 일어날 것이며 그럴 경우에는 소인 또한 감히 이곳에 머물러 있을 수 없으므로 장차 해변을 향하여 피신하려고 합니다"라고 했다.

이때 심신겸은 이미 그의 부하들에게 명령할 수가 없는 지경이 되어 있었다. 다만 내가 처음부터 데리고 있는 군관 6명과 도중에서 모은 패잔병 19명은 모두 화살과 활을 지니고 늘 나의 곁에 있었다. 심신겸은 이 군사를 믿고 자신을 보호하고자 그런 말을 한 것이다.

그러나 나는 차마 갑자기 떠날 수가 없어 대문에 잠깐 앉아 있으니 해가 벌써 한낮이 지났다. 다시 생각해보니 임금의 명령도 없는데 내 마음대로 머물러 있고 떠나지 않는 것이 도리상 죄스러워 마침내 심신겸과 작별하고 길을 떠났다. 서쪽으로 15리쯤 가서 효성령에 올라 가산을 돌아다보니 고을 안이 벌써 요란해지고 있었는데, 심신겸이 창고의 곡식을 모두 버리고 도망쳤기 때문이다.

그 이튿날 임금의 행차가 정주를 떠나 선천을 향하시는데 나에게 명하여 정주에 머물러 있도록 했다. 그러나 정주 백성들은 이미 사방으로 흩어져 피란을 떠났고, 다만 늙은 아전 백학송을 비롯한 몇 사람만이 성안에 남아 있을 뿐이었다. 나는 길가에 엎드려 임금의 행차가 성 밖으로 나가시는 것을 전송한 다음 연훈루 아래에 앉아 울고 있었는데, 군관 몇 사람이 좌우 섬돌 아래에 있었으며 도중에 모은 패잔병 19명도 아직 떠나지 않고 길가 버드나무에 말을 매고 둘러앉아 있었다.

저녁 무렵에 남문을 바라보니 몽둥이를 가진 사람들이 밖에서 잇따라 남문으로 들어와 왼쪽을 향해 가고 있어서, 군관을 시켜 가보게 했더니 창고 아래 모여든 사람들이 벌써 수백 명이나 되었다고 했다. 생각해보니 내가 거느린 군사는 수도 적고 약한데 만약 난민이 더욱 많아져서 그들과 서로 싸우게 되면 제어하기가 어려우므로, 먼저 난민 무리 중에 비교적 약한 사람들을 공격해서 놀라 흩어지게 하는 것이 좋겠다고 생각했다.

고개를 들어 성문을 보니 또 10여 명이 모여들고 있었다. 나는 급히 군관을 불러 19명 군사를 딸려 보내서, 달려가 잡아오게 했다. 그 사람들은 이 모양을 바라보고 도주했으나 뒤쫓아가서 9명을 잡아왔다. 곧 이들의 머리털을 풀어 흩뜨리고 두 손을 뒤로 돌려 마주 묶고 벌거벗긴 다음 창고 옆 길가에 조리를 돌려 보이며 10여 명의 군사가 그 뒤를 따르면서 "창고를 약탈하는 도적은 사로잡아 죽여서 목을 매달겠으니 성안의 사람들은 구경하시오"라고 큰 소리로 외치게 했다.

성안 사람들이 이것을 보았으며, 그제야 이미 창고 아래 모여 있던 사람들도 이를 바라보고는 놀라서 모두 서문으로 흩어져 나가버렸다. 이로써 정주의 창고 곡식은 가까스로 보전되었으며, 용천·선천·철산 등 고을에도 창고를 약탈하는 사람들이 없어졌다.

정주 판관 김영일은 무인인데, 평양에서 도주해 돌아와서는 자신의 처자를 바닷가에 두고 창고 곡식을 훔쳐 거기에 보내려 했는데, 내가 이 말을 듣고 그를 잡아다 죄를 물었다. "너는 무장의 몸으로 싸움에 지고서도 죽지 않았으니 그 죄가 목을 벨 만하다. 그런데 또 감히 관청의 곡식을 훔칠 생각을 하는가? 이 곡식은 앞으로 명나라 구원병을 먹일 것이며, 네가 사사로이 먹을 것이 아니다"라 말하고 곤장 60대를 때렸다.

조금 후에 평양에서 떠난 좌의정 윤두수, 원수 김명원, 무장 이빈 등이 모두 정주에 도착했다. 임금께서 정주를 떠나시면서 명령하시기를 "만약 좌의정이 오거든 또한 정주에 머물러 있도록 하라"고 명하셨기에, 좌의정 윤두수가 도착한 후 내가 임금의 명령을 전했으나 좌의정은 대답도 하지 않고 바로 행재소로 가버렸다. 나 또한 김명원·이빈 등에게 남아서 정주를 지키도록 하고 임금 일행을 뒤따라 용천까지 갔다.

그때는 각 고을의 백성들이 평양이 함락되었다는 소식을 듣고 적군이 뒤따라올 것이라 여겨 모두 산골로 숨었고, 길가에는 한 사람도 보이지 않았다. 들으니 강계 등 압록강 연안에 이르기까지 모든 고을이 다 이 모양이라고 했다. 내가 곽산의 산성 아래에 이르러 보니 길이 두 갈래가 있어 하졸을 불러 "이 길이 어느 곳으로 가는 길이냐?" 하고 묻자, 하졸은 "이것은 구성으로 가는 길입니다"라고 대답했다. 나는 말을 세우고 종사관 홍종록을 불러 "길가에 있는 창고가 모두 텅 비었으니 비록 명나라 구원병이 오더라도 무엇으로 식량을 공급하겠는가? 이 지방 부근에서는 다만 구성 한 고을만이 비축해 둔 곡식이 자못 넉넉한 모양이나, 그곳도 또한 아전과 백성들이 모두 흩어져 도주했다고 하니 운반할 계책이 없다. 그러나 그대는 오랫동안 구성에 있었으니 그곳 사람들이 그대가 왔다는 소식을 들으면, 비록 산골에 숨었던 사람이라도 반드시 와서 보고 적군의 형세를 듣고자 하는 자가 있을 것이다. 그대는 이 길로 빨리 구성에 가서 백성들을 타이르게. '적군은 평양에 들어오기는 했으나 아직 그곳에서 나오지 않았고, 지금 명나라 구원병이 대규모로 곧 몰려올 것이니 멀지 않아 나라가 수복될 것인데, 다만 걱정되는 일은 군량이 부족한 것뿐이다. 너희들은 벼슬아치이든 아전이든 가릴 것 없이 고을 사람들이 힘을 다하여 군량을 운반하라. 그리하여 군량이 부족하지 않도록 하면 훗날 반드시 후한 상이 있을 것이다'라고 하여라. 이와 같이 한다면 마마 모두 마음과 힘을 합쳐서 군량을 정주·가산까지 운반하여 일을 성공시킬 수 있을 것이다"라고 했다.

홍종록은 비장한 표정으로 응락하고 나와 헤어져 구성으로 떠났고, 나는 용천을 향해 떠났다.

홍종록은 기축옥사[4]에 연루되어 구성으로 귀양을 가 있던 중 임금께서 평양에 오신 후에 귀양에서 풀려나 사옹[5] 정에 임명되었다. 홍종록은 인품이 성실하고 참되어서 나랏일을 위해 자신의 몸을 잊고 험난한 곳을 피하지 않을 각오가 되어 있는 사람이다.

임금께서 의주에 당도하셨다.

명나라 장수 참장 대 아무개와 유격장군 사유가 각각 1개 부대의 군사를 거느리고 평양으로 향하던 중, 임반역[6]에 이르러 평양이 이미 함락되었다는 말을 듣고 되돌아와서 의주에 머물러 있었다.

명나라 조정에서는 군사들을 먹이는 데 쓸 은 2만 냥을 보냈는데, 명나라의 관원이 가지고 의주에 도착했다.

이보다 앞서 요동에서는 우리나라에 왜적이 침입했다는 소문을 듣고 곧 명나라 조정에 알렸는데, 명나라 조정 의론은 분분하고 한결같지가 않았다. 심하게는 우리가 왜적을 인도하고

---

4) 1589년(기축년, 선조 22년) 정여립의 모반 사건을 계기로 하여 일어난 옥사.
5) 궁중의 음식에 관한 일을 맡아보던 관사.
6) 선천 북쪽 25리 지점에 있던 역.

있다고 의심하기도 했으나, 오직 병부상서 석성만은 우리나라를 구원하자고 강력하게 주장했다.

그때 우리나라 사신 신점이 옥하관[7]에 있었는데, 석 상서가 불러서 갔더니 요동에서 적변을 보고하는 문서를 꺼내보였다.

신점은 글을 보자마자 소리 내어 울며 일행과 함께 아침저녁으로 통곡을 하며 우선 구원병을 보내달라고 요청했다. 그래서 석 상서는 황제에게 아뢰어 2개 부대의 군사를 보내 국왕을 호위하도록 하고 군사들을 먹이는 데 쓸 은도 요청했다.

신점이 귀국길에 올라 통주에 도착했을 때 우리나라의 다급한 상황을 알리 위해 북경으로 가는 우리나라 사신 정곤수가 뒤이어 도착했다. 석 상서가 그를 방[8]으로 불러들여 친히 전쟁의 상황을 물으면서 눈물까지 흘리더라는 것이었다. 이때에 이르러 우리나라에서는 사신을 잇따라 요동으로 보내어 가서 위급함을 알리고 구원병을 청했으며, 또 자진해서 명나라에 합병되겠다고 빌기까지 했다.

적군이 평양을 함락하자 그 형세가 마치 높은 곳에서 병을 세워 물을 쏟아붓는 것과 같아서, 아침이 아니면 저녁에 압록강까지 쳐들어올 것이라 여겼다. 사정이 이같이 위급하므로 명나

---

7) 북경으로 가는 우리나라 사신이 묵는 곳.
8) 온돌식이 아닌 명나라의 가옥 구조에서 따사로운 방은 특별한 의미를 지닌다고 볼 수 있음.

라에 합병될 궁리까지 했던 것이다.

다행히 적군이 평양에 들어와서는 수개월이 지나도록 성안에서만 웅크리고 앉아, 평양에서 엎어지면 코 닿을 데에 있는 순안·영유와 같은 고을조차도 침범해 오지 않았다.

그 덕분에 인심이 차츰 안정되어 흩어진 군사를 수습하여 국력을 재정비할 수 있었으며, 명나라 구원병을 맞아들여 마침내 나라를 회복하게 되었으니, 이것은 참으로 하늘의 도움이며 사람의 힘으로 이루어진 것은 아니었다.

7월에 요동의 부총병 조승훈이 군사 5천 명을 거느리고 구원하러 왔다.

구원하러 온다는 통보가 군대보다 먼저 이르렀는데, 그때 나는 치질을 앓아 고통이 심해 누워서 일어나지 못하고 있었다. 임금께서 좌의정 윤두수에게 명나라 구원병이 지나는 고을에 나가서 군사들의 식량을 준비하도록 하셨으므로, 나는 종사관 신경진을 시켜 임금께 글을 올려 아뢰기를 "임금이 계신 곳에 현직 대신으로서는 다만 윤두수 한 사람만이 있을 뿐이오니 그를 내보낼 수는 없습니다. 신이 이미 명나라 장수를 대접하는 명령을 받았사오니, 비록 병든 몸이오나 제 스스로 힘써 나가보겠습니다"라고 했더니 임금께서 허락하셨다.

초 7일에 병든 몸을 억지로 견디어 임금 계신 곳에 나아가서 하직하니, 임금께서 불러 보시므로 엉금엉금 기어 들어가서 아뢰기를 "명나라 군사가 지나는 길에서, 소관9)에서부터 남쪽으로 정주·가산에 이르기까지는 5천 명이 지날 동안에 하루 이틀 먹을 것은 준비될 수 있으나, 안주·숙천·순안 세 고을에는 양식이 전혀 없으니 명나라 군사가 이곳을 지날 때는 먼저 사흘 동안 먹을 양식을 가지고서 안주 이남에서 먹일 수 있도록 준비해야 할 것입니다. 군사가 평양에 이르러서 곧바로 성을 되찾게 되면 성안에는 곡식이 많이 남아있으므로 넉넉히 보급될 수 있을 것이며, 비록 성을 탈환하지 못하고 포위한 채 여러 날을 끌더라도 평양 서쪽의 세 고을(강서·용강·함종)에 있는 곡식을 힘을 다하여 운반해 전선에 수송하게 되면 군량이 부족하지는 않을 것입니다. 이와 같은 자세한 사정은 이곳에 있는 여러 신하들에게 명나라 장수와 서로 의논하여 융통성 있게 계획하고 조절하여 상황을 보아가며 대처할 수 있도록 하시옵소서"라고 하니, 임금께서는 그렇게 하라고 하셨다.

내가 곧 나와서 떠나려 하자 위에서 웅담과 납약10)을 내려주셨다. 내의원에 딸린 용운이란 사람은 성문 밖 5리 지점까지 나

---

9) 의주 동남쪽 30리 지점에 있던 역이자 창고의 소재지.
10) 섣달에 내의원에서 만든 청심원 같은 약 일체를 뜻함.

와 나를 전송하면서 통곡했는데, 내가 전문령[11] 고개에 올랐을 때까지 우는 소리가 들렸다.

이날 저녁에 내가 소관역에 이르러 보니, 역의 아전들과 군졸들은 모두 도주해 흩어져서 사람의 그림자도 볼 수가 없었다. 군관들을 시켜 촌락을 수색하게 했더니 몇 사람을 데리고 왔다. 내가 타이르기를 "나라에서 평소에 너희들을 보살피는 것은 오늘날과 같은 때에 쓰고자 한 것인데, 어찌 차마 도망칠 수가 있는가. 더구나 명나라 군사가 지금 오고 있고, 나랏일이 급하니 지금이야말로 너희들이 힘을 다하여 공을 세워야 할 시기다"라 말하고, 이내 공책 한 권을 꺼내어 그곳에 와 있는 사람의 성명을 먼저 써서 그들에게 보이면서 "훗날 이것으로 공로의 등급을 정하여 임금께 아뢰어 상을 줄 것인데, 만일 이 기록에 기재되지 않은 사람은 난리가 평정된 뒤에 일일이 조사해서 벌을 줄 것이니 한 사람도 그 죄를 면하지 못할 것이다"라고 했더니, 조금 후에 사람들이 잇따라 와서 "소인들은 볼일이 있어서 잠시 나간 것이오니 어찌 감히 맡은 일을 피하겠습니까? 그 책에 이름을 기재하여 주시기 바라옵니다"라고 했다.

나는 인심을 능히 수습할 수 있음을 알고 곧바로 여러 곳에 공문을 전하여, 이와 같은 방법으로 공을 기록하는 장부를 만

---

11) 의주 동남쪽 20리 지점에 있는 고개.

들어 각자의 공로가 많고 적은 것을 기록했다가 후일 보고하여 상벌을 주는 데에 증빙 자료가 되게 하라고 했다. 그제서야 이 명령을 들은 사람들이 다투어 나와 땔나무와 풀을 운반하고 집도 건설하며 가마솥도 설치해 며칠 동안에 모든 일이 점차 이루어졌다. 나는 가뜩이나 전쟁에 시달리는 백성들은 급하게 볶아서 부려서는 안 된다고 여겨서 오로지 성심껏 타이르며 한 사람도 매질하지 않았다.

정주에 도착하니 홍종록이 구성 사람들을 모두 동원하여 말 먹이 콩과 좁쌀을 운반해서 정주·가산으로 옮겨놓은 것이 이미 2천여 석이나 되었다. 나는 여전히 안주에 구원병이 도착한 이후에 먹일 양식을 걱정하고 있었는데, 때마침 충청도 아산 창고에 있는 세미稅米 1천 2백 석이 배에 실려 장차 행재소로 가려고 정주의 입암에 이르러 정박 중이었다. 나는 매우 기뻐서 곧바로 임금께 아뢰기를 "먼 곳에 있던 곡식이 때마침 약속한 듯이 도착했으니 이것은 하늘이 나라를 다시 일으키도록 도와주신 듯합니다. 청컨대 이 곡식도 모두 다 가져다 군량미에 보충하도록 하여주시옵소서"라고 한 후에, 수문장 강사웅에게 입암으로 달려가서 쌀 2백 석은 정주로, 2백 석은 가산으로, 8백 석은 안주로 나누어 각각 운반하도록 했는데, 다만 안주의 경우는 적군이 있는 곳과 가까워서 잠시 배를 육지에서 멀리 떨어져 정박시키고 기다리게 했다.

선사포 첨사 장우성은 대정강 부교를 만들고, 노강 첨사 민계중은 청천강 부교를 만들어, 명나라 군사들이 건너갈 길을 준비했다. 나는 앞질러 안주로 가서 군대에 필요한 물품들을 준비했다. 이때 적군은 평양에 들어가서 오래도록 나오지 않았는데, 순찰사 이원익은 병사 이빈과 함께 순안에 머무르고 도원수 김명원은 숙천에 머무르고 있었으며 나는 안주에 각각 머무르고 있었다.

7월 19일, 총병 조승훈이 거느린 군사가 평양을 공격했으나 이기지 못하고 후퇴했고, 이 전투에서 명나라 유격장군 사유가 전사했다.

그에 앞서 조승훈이 의주에 도착하자, 사유는 그의 군사를 거느리고 선봉이 되었다. 조승훈은 원래 요동의 용맹스러운 장수로 여러 번 북쪽 오랑캐(여진족)와 싸워 공을 세웠으므로, 이번에도 평양을 향해 떠나면서 '왜병을 반드시 쳐부수겠다'고 큰소리치고는 가산에 도착하여 우리 군사들에게 "평양에 있는 왜적이 아직 도망치지는 않았는가?" 하고 물었다. 군사가 대답하기를 "아직 물러가지 않았습니다"라고 하자 조승훈은 술잔을 들고 하늘을 쳐다보며 빌기를 "적군이 아직 그대로 있다 하니 이것은 반드시 하늘이 나에게 큰 공을 세우도록 한 것이다"라

칠성문(북한 보물급 문화재 4호)
6세기 중엽 고구려 평양성 내성의 북문

고 했다.

　조승훈은 이날(19일) 순안에서 삼경에 군사를 출발시켜 나아가 평양을 쳤다. 때마침 큰 비가 와서 성 위에는 수비하는 적군이 없었으므로 명나라 군사는 평양성의 북문인 칠성문으로 들어갔다. 성안은 길이 좁고 꼬불꼬불한 골목이 많아 말이 제대로 달릴 수 없었는데, 적병이 험준한 곳에 의지해서 조총을 난사하자 유격장군 사유가 총탄에 맞아 그 자리에서 숨겼으며 많은 군사와 말이 죽음을 당해 조승훈은 결국 군사를 후퇴시키고 말았다. 적군이 그리 다급하게 추격하지는 않았으나, 뒤에 있던 군사들 중에 진흙에 빠져 몸을 빼내지 못한 자들은 모두 적에게 목숨을 잃고 말았다.

조승훈은 나머지 군사를 거느리고 순안·숙천을 지나 밤중에 안주에 이르러 성 밖에서 말을 세우고, 통역관 박의검을 불러 "우리 군사가 오늘 싸움에 적병을 많이 죽이기는 했으나, 불행히 사유가 상처를 입고 죽었으며 게다가 날씨 또한 좋지 않아 큰 비가 내려 진흙투성이가 되어 적군을 섬멸하지 못했으니, 군사를 더 보충하여 다시 올 것이다. 너희 재상(류성룡)에게 동요하지 말도록 이르고 부교도 또한 철거하지 말도록 하라고 전하라" 하고는, 말을 마치자마자 말을 달려 두 강(청천강·대정강)을 건너고 나서 군사를 공강정에 주둔시켰다.

조승훈은 싸움에 패하여 몹시 겁이 났으므로, 적병이 뒤따라올까 두려워 앞에서 두 강으로 추격을 막으려 이같이 매우 서두른 것이다. 나는 종사관 신경진을 보내 조승훈을 위로하도록 하고 또 양식과 음식물을 실어 보냈다.

조승훈이 공강정에 머무른 지 이틀 동안에 연이어 밤낮으로 큰 비가 내렸는데, 군사들은 들 가운데에서 노숙하고 있었으므로 옷과 갑옷이 다 젖어 모두 조승훈을 원망했으며, 얼마 후에 요동으로 되돌아가버렸다.

나는 인심이 동요할까 염려되어 임금께 아뢰어 그대로 안주에 머물러 있으면서 뒤이어 올 명나라 부대가 이르기를 기다리도록 해달라고 청했다.

6장

이순신과 조선 수군

전라 수군절도사 이순신이 경상 우수사 원균과 전라 우수사 이억기 등과 함께 거제 앞바다에서 적을 크게 격파했다.

처음에 적병이 육지에 오르자, 원균은 적의 형세가 큰 것을 보고 감히 나가 치지 못하고 휘하의 전선 백여 척과 화포, 병기 등을 모조리 바닷속에 가라앉힌 다음, 자신의 밑에 있는 비장 이영남, 이운룡 등만 데리고 배 네 척에 나누어 타고 달아나서 곤양 바다 어귀에 이르러 육지로 올라가서 적군을 피하고자 했다. 이 때문에 그가 거느린 수군 1만여 명은 모두 뿔뿔이 흩어지게 되었다. 이영남이 원균에게 충고하기를 "공은 임금의 명령을 받아 수군절도사가 되었는데, 지금 군사를 버리고 육지로

판옥선
조선 명종 때 개발되어 임진왜란 때 사용됨.

올라가게 되면 후일 조정에서 죄를 물을 때 무슨 말로 해명하
겠습니까? 그러니 전라도 수군에 구원병을 청하여 적군과 한번
싸운 다음 이기지 못하거든 그 후에 도망치더라도 늦지 않을
테니 그렇게 하는 것이 좋을 듯합니다"라고 했다.

　원균도 그것이 옳다고 생각하여 이영남을 이순신에게 보내
지원을 요청하도록 했다. 그러나 이순신은 "각자가 맡은 경계
가 있는데 조정의 명령이 아니고서는 어찌 마음대로 경계를 넘
어갈 수 있겠는가?" 하고 응하지 않았다.

　원균은 또다시 이영남을 보내 구원을 요청했다. 그러기를 무
려 대여섯 차례나 되풀이했는데, 이영남이 이순신에게 갔다가
돌아올 때마다 원균은 뱃머리에 앉아서 통곡하곤 했다.

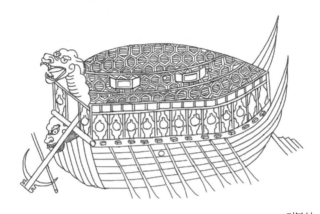

거북선
임진왜란 때 이순신 장군이 실전에 효과적으로 사용한 세계 최초의 돌격용 철갑선

얼마 후에 이순신은 판옥선 40척을 거느리고 이억기와 함께 거제로 왔다. 거기에서 원균과 군사를 합쳐 전진하여, 견내량에서 적의 전선과 만나게 되었다. 이순신이 말하기를 "이곳 바다는 목이 좁고 물이 얕아서 배를 돌리기가 어렵겠으나 우리가 거짓으로 물러가는 체하여 적병을 유인하고 바다가 넓은 곳으로 나가서 싸우는 것이 좋을 듯합니다"라고 했으나, 원균은 분함을 견디지 못하여 바로 나가서 맞닥뜨려 싸우고자 했다.

그에 이순신은 "공은 병법을 알지 못하니 이같이 하면 반드시 패전할 것이오"라고 말하고, 마침내 깃발로써 배를 지휘하여 자신이 끌고 온 배들을 모두 물러가게 했다. 그러자 적군들은 크게 기뻐하며 앞다투어 따라왔는데, 이미 좁은 목을 다 나올 즈음, 이순신이 북소리를 한 번 크게 울리자 여러 배들이 일제히 노를 돌려 곧장 바다 가운데 열을 지어 늘어서서 정면으로 적의 배와 맞부딪치니, 적선과의 거리는 수십 보밖에 떨어지지 않았다.

이순신은 미리부터 거북선을 만들어 두고 있었다. 목판으로 배 위를 둥그렇게 덮으니 그 모양이 가운데가 높아 마치 거북과 같았으며, 싸우는 군사와 노 젓는 사람들은 모두 배 안에 있었고, 배의 좌우와 앞뒤에 화포를 많이 싣게 했다. 가로 세로로 통로를 만들어 마치 베 짜는 북처럼 사람들이 이리저리 마음대로 자유롭게 다닐 수 있게 했다.

적의 배를 만나면 잇따라 대포로 쏘아 부수었다. 아군의 여러 배가 일시에 합세하여 쳐부수니 연기와 불꽃이 하늘에까지 가득했고 적의 배가 수없이 불타버렸다. 적의 장수가 누선[1]에 탔는데, 그 배는 높이가 두어 길이나 되고 배 위에다 전망대를 만들었으며, 붉은 비단과 색깔 있는 담요로 그 곁을 둘러쳐 놓았다. 이 배 또한 아군의 대포에 맞아 부서지고 적군은 모두 물에 빠져 죽었다. 그 후에도 적군은 잇따라 싸웠으나 모두 패전하여 부산과 거제로 도망쳐 들어간 후 다시는 나오지 못했다.

어느 날 이순신은 한창 싸움을 지휘하던 중, 날아오는 탄환이

---

1) 다락이 있는 배로 해전이나 뱃놀이에 쓰였다.

자신의 왼편 어깨에 맞아 피가 발꿈치까지 흘러내렸다. 그러나 이순신은 말하지 않고 있다가 싸움이 끝난 후에야 비로소 칼로 살을 도려내고 탄환을 뽑아냈다. 탄환은 살 속에 두어 치나 깊이 박혀 있었다. 보는 사람들의 얼굴빛이 새파랗게 변했으나, 이순신은 웃으며 이야기하는 것이 평상시와 같이 태연했다.

전쟁에 승리했다는 보고가 들려오니 조정에서는 크게 기뻐하여 임금께서는 이순신의 품계를 1품으로 올려 주시려 했으나, 너무 지나친 승진이라고 말하는 사람들이 있어 이순신을 정2품 정헌대부로 올려주었고, 이억기와 원균은 종2품 가선대부로 올려주었다.

이 싸움이 있기 전에 적의 장수 고니시 유키나가가 평양에 이르러 우리 쪽에 이러한 편지로 "일본의 수군 10여만 명이 또 서쪽 바다로 오게 될 것인데 그렇게 되면 대왕(선조)의 행차는 이곳에서 어디로 가시렵니까?"라고 했다.

적군은 본래 수군과 육군이 합세하여 서쪽으로 내려오려 했다. 하지만 이순신이 이 한 번의 싸움으로 적군의 한쪽 세력을 꺾었기 때문에 고니시 유키나가는 비록 평양을 점령했으나 군의 형세가 고립되어 감히 더 나아가지 못했다.

또한 이 한 번의 승리로 우리나라에서는 전라도·충청도·황해도·평안도 연해 지역 까지 연결되는 해안선을 확보할 수 있게 되었다. 그 덕분에 군량을 보급시키는 것이 순조롭게 이루어지고 조정의 명령이 전달될 수 있도록 하여 나라가 다시 일어설 수 있었다. 또한 요동의 금주·복주·해주·개주·천진 등지도 전쟁에 휘말리지 않게 되어서 명나라 구원병이 육로로 나와 구원하여 적군을 물리치게 된 것이다. 이 모든 일이 이순신이 단 한 번의 싸움에서 이긴 공이니 아아, 이것이 어찌 하늘의 도움이 아니겠는가!

이순신은 이를 계기로 3도의 수군을 거느리고 한산도에 주둔하여 적군이 서쪽으로 내려오는 길을 막았다.

전 의금부 도사 조호익이 강동[2]에서 군사를 모집하여 적군을 토벌했다.

조호익은 창원 사람으로 지조와 학행이 있었는데, 남에게 모함을 당해서 온 집안이 강동으로 이사하여 살고 있었다. 집이 가난해서 아이들을 가르쳐서 생계를 이어온 지가 거의 20여 년이나 되었으나, 그의 지조는 더욱 굳어졌다.

임금의 행차가 평양에 이르자 조호익의 죄를 용서하여 의금부 도사로 임명했다.

평양이 적군에게 포위되었기에 조호익은 강동으로 가서 군

---

2) 평안남도 강동군.

사를 모집해 평양을 구원하고자 했다. 하지만 얼마 뒤에 평양
이 함락되고 군사와 백성들이 모두 흩어져 조호익은 행재소로
향하게 되었다. 내가 양책역[3]에서 그를 만나 말하기를 "명나라
군사가 곧 올 것이니 그대는 의주로 가지 말고 강동으로 되돌
아가서 군사를 모집하고, 명나라 군사와 함께 평양에 모여서 군

---

3) 용천 북쪽 20리 지점에 있던 역.

대의 기세를 돕도록 하는 것이 좋겠네"라고 하자, 조호익은 내 말에 따랐다. 나는 드디어 그 자세한 내용을 조정에 장계로 보고하고서, 기병문을 작성하여 조호익에게 주었으며 군대에 필요한 병기 등도 더 원조해주었다.

조호익은 강동으로 가서 군사 수백 명을 모아 상원에 나가 진을 치고, 적군을 맞아 싸워서 많은 적을 베어 죽였다.

조호익은 서생으로서 활을 쏘고 말을 타는 무예에는 익숙지 못했으나 충의로써 군사들의 마음을 격려했으며, 동짓날에는 사졸들을 거느리고 임금 계신 곳을 바라보며 네 번 절하고 밤새도록 통곡하니, 군사들도 모두 그를 따라 울었다.

적군이 전라도를 침범하니 김제 군수 정담과 해남 현감 변응정이 힘껏 싸우다 전사했다.

이때 적군이 경상우도에서 전주의 경계로 들어오자 정담, 변응정 등이 웅령[4]에서 이를 막았다. 두 사람은 목책을 세워 산길을 가로지르고 장수와 군사들을 독려하여 온종일 크게 싸워서 적군을 수없이 활로 쏘아 죽였다. 적군이 결국 물러가려 할 즈음 마침 날이 저물고 아군은 화살이 다 떨어졌다. 이런 사실을

---

4) 진안 서쪽 30리 지점에 있는 웅치.

눈치 챈 적군은 다시 쳐들어왔다. 두 사람이 함께 전사하고 우리 군사들은 무너지고 말았다.

이튿날 적병이 전주로 들어와 관리들이 달아나려 했으나, 고을 사람 중에 전적을 지낸 이정란이 성안으로 들어와 아전들과 백성들을 이끌고서 성을 굳게 지켰다.

이때 적병 중 용맹한 자는 웅령 싸움에서 많이 죽었으므로 기세가 이미 한풀 꺾여 있던 참이었다. 게다가 감사 이광이 성 밖에 의병을 설치하여 낮이면 깃발을 많이 달아놓고 밤이 되면 산에 횃불을 늘어세워서 군사가 진을 치고 있는 것처럼 꾸몄다. 그러자 적병이 작은 성 밑에 이르러 몇 번을 둘러보다가 감히 쳐들어오지 못하고 가버렸다. 그리고는 웅령 전투에서 전사한 아군들의 시체를 모두 모아 길가에 묻어 큰 무덤을 몇 채 만들고, 그 위에 나무를 세우고 "조선국의 충신스럽고 의로운 넋을 위로한다"라는 글을 썼다. 이는 우리 군사들이 힘을 다해 용맹하게 싸운 것을 칭찬한 것이다. 이 싸움으로 전라도만은 홀로 보전될 수 있었다.

8월 초하루, 순찰사 이원익과 순변사 이빈 등이 군사를 거느리고 평양성을 공격했으나 전세가 불리하여 후퇴하고 말았다.

당시 이원익과 이빈은 군사 수천 명을 거느리고 순안으로 가고, 별장 김응서 등은 용강·삼화·증산·강서 네 고을의 군사를 거느리고 20여 개 진을 만들어 평양 서쪽에 주둔하고 있었으며, 김억추는 수군을 거느리고 대동강 하류에 있으면서 적군을 견제하고 공격하려는 태세를 취하고 있었다.

이날 이원익 등이 평양성 북쪽에서 진군해 가다가 적군의 선봉을 만나 적병 20여 명을 쏘아 죽였으나, 조금 후에 적병이 크게 몰려와 우리 군사는 놀라 무너지고 말았다. 압록강 연안 지방 출신의 용맹스러운 군사들이 많이 죽고 다쳤다. 그래서 순안으로 되돌아와 주둔했다.

9월에 명나라 유격장군 심유경[5]이 우리나라에 왔다.

처음에 조승훈이 평양 공격에 실패하자 적은 더욱 교만해져서 우리 군중에 글을 보냈는데 그 가운데 "많은 양 떼가 호랑이 한 마리를 공격하는 것과 같다"라는 말이 있었으니, 양 떼는 명나라 군사를 비유한 것이고 호랑이는 저 스스로를 자랑삼아 말

---

5) 명나라 사신으로, 원군을 이끌고 올 때 유격장군으로 왔음. 1592년 고니시 유키나가와 강화를 의논하고 1593년 일본에 가서 도요토미 히데요시와 회담함. 그후 강화가 결렬되고 정유재란이 일어나자, 화의를 교섭하다가 일본에 항복할 목적으로 의령까지 갔다가 명나라 장수 양원에게 체포되어 처형됨.

한 것이다. 그들은 단시일 안에 당장 의주 쪽으로 쳐내려갈 것이라고 소문을 퍼뜨려 의주 사람들은 모두 짐을 싸고 당장이라도 피란할 채비를 하고 있는 형편이었다.

심유경은 본디 절강성 사람인데, 병부상서 석성은 평소에 그가 왜국의 사정을 잘 안다고 여겨 그에게 임시로 유격장군이란 칭호를 주어 내보낸 것이다.

심유경이 순안에 이르자 일단 왜국의 장수에게 글을 보내 명나라 황제의 명령이라며 "조선이 일본에게 무슨 잘못이 있기에, 일본이 어찌 함부로 군사 행동을 한단 말이냐?"라고 꾸짖었다. 왜란이 갑자기 일어났고 더구나 그 잔인하고 혹독함이 심해서 사람마다 두려워하여 감히 그들의 군영을 엿보는 사람이 없었던 때였다.

그런데 심유경은 노란색 보자기에 편지를 싸서 하인 한 사람에게 왜의 진영에 갖다주라고 했다. 그 하인은 혼자서 편지를 등에 짊어지고 말을 태고 곧바로 보통문으로 들어가서 전했다. 왜적의 장수 고니시 유키나가는 그 편지를 보자마자 곧바로 서로 만나서 일을 의논하자고 회답을 해왔다. 심유경이 곧 왜적의 진중으로 가려고 하자 사람들이 모두 위태롭게 여겨 중지하도록 권하는 사람이 많았으나, 심유경은 웃으면서 말하기를 "저들이 어찌 나를 해칠 수 있겠는가?"라 말하고는, 하인 서너 명만 데리고 왜적의 진영으로 갔다.

고니시 유키나가·소 요시토시·겐소 등 왜적의 장수들은 어마어마한 군사 행렬을 갖추어 위세를 보이며, 평양성에서 북쪽으로 10리 밖의 지점인 강복산 아래까지 나와 심유경을 맞이했다. 우리 군사가 대흥산 꼭대기에 올라가 바라보니 왜군의 수가 매우 많았고, 칼과 창이 희게 번쩍여서 눈빛과 같았다. 심유경이 말에서 내려 왜군의 진중으로 들어가자 여러 왜적이 사면에서 그를 둘러싸서 사람들은 심유경이 붙잡힌 것이 아닌가 하고 의심이 날 정도였다. 날이 저물자 심유경이 돌아왔는데 왜적의 무리들이 매우 공손히 전송했다고 한다.

이튿날 고니시 유키나가가 심유경에게 편지를 보내 안부를 묻고 또 말하기를 "대인께서는 어제 칼날 속에서도 얼굴빛이 하나 변하지 않으니 비록 일본 사람일지라도 이보다 더 태연할 수는 없었을 것입니다"라고 했다. 이에 심유경은 회답하기를 "너희들은 당나라에 곽영공[6]이란 분이 있었다는 말을 듣지 못했는가? 그는 홀몸으로 회흘의 만군 전투 대형 가운데에 들어가서도 조금도 두려워하지 않았는데, 내가 어찌 너희들을 두려워하겠는가?"라고 했다. 그러고 나서 왜적과 약속하기를 "내가 돌아가서 우리 황제에게 보고하면 당연히 무슨 처분이 있을 것이니, 앞으로 50일 동안을 기한으로 하여 왜군은 평양에

---

6) 중국 당나라의 무장 곽자의를 말함.

임진왜란 당시 일본 수군의 주력함 아타케부네(**安宅船**)(도쿄국립박물관 소장)

서 10리를 벗어나서 싸우지 말아야 하고, 조선 군사도 평양성의 10리 안으로 들어가서 왜적과 싸우지 말아야 할 것이다"라고 하고는, 이에 땅 경계선에 나무를 세워 금지하는 표지를 만들어 놓고 떠나갔다. 우리는 앞으로 판세가 어떻게 될지 도무지 짐작할 수가 없었다.

경기 감사 심대가 적군의 습격을 받아 삭녕에서 전사했다.

　심대는 의협심이 강한 사람으로 왜적의 변고가 일어난 후로 항상 울분함을 참지 못했으며, 임금의 명을 받들어 전쟁지를 드나들 때에도 안전한 곳과 위험한 곳을 가리지 않았다. 그해 가을에 권징을 대신하여 경기 감사가 된 그는 임금 계신 곳에서 임지로 떠날 때 안주를 지나게 되어 안주의 백상루에 있던 나를 찾아왔다. 그는 국가의 위기에 대해 말하면서 울분에 차 있었는데, 그 말하는 투를 살펴보니 자신이 직접 전쟁터에 뛰어들어 바로 적군과 싸울 기색이었다.

　나는 그를 타일러 말하기를 "옛사람의 말에 '밭을 가는 일은 종에게 물어야 한다'라고 하지 않았는가? 그대는 서생이니 싸움에 나서는 일은 잘하지 못할 것이다. 그곳에 양주 목사 고언백이란 사람이 있는데 힘과 담력이 있고 싸움에 익숙하네. 그대는 다만 군병을 모아 고언백에게 건네어 함께 싸우도록 하면 공을 세울 수 있을 것이다. 부디 조심해서 직접 싸움에 나서지는 말도록 하게"라고 했다. 심대는 그저 "예, 예"라고 했지만 마음속으로까지 내 말에 전적으로 동감하는 것 같지는 않았다. 그가 군사도 없이 적군을 향해 가는 것을 보았고, 결국 나는 내가 데리고 다니는 군관 중에서 활을 잘 쏘는 의주 사람 '장모'를 함께 가도록 했다.

심대가 떠나간 후 수개월 동안 경기 지역에서 행재소에 일을 아뢰기 위해, 안주를 지나는 이가 있을 때마다 번번이 그는 반드시 나에게 편지로 안부를 물었다. 나는 그때마다 직접 그 사람을 만나서 경기 지방의 적군 형세와 심 감사(심대)가 무엇을 하고 있는지 친히 물어보았는데 대답은 이러했다.

"경기 지방은 적병의 피해가 다른 도보다도 심하고 적병이 날마다 나와서 불 지르고 노략질하여 말짱한 곳은 한 곳도 없습니다. 전에 계시던 감사와 수령 이하의 관원들은 모두 깊고 궁벽한 곳에 숨어서 몸을 피하고, 따라다니는 사람도 없이 평복을 입고 몰래 다니며, 한군데에 머물지 않고 여러 번 이리저리 옮겨 다녀 적에게의 해를 당하지 않으려고 애써 왔습지요. 지금 부임해 온 감사는 조금도 적군을 두려워하지 않으며, 각 지방을 순찰할 때마다 공문을 먼저 보내 알리기를 평소와 같이 하고, 깃발을 세우고 뿔나팔을 불며 다니도록 지시하고 있습니다."

나는 이 말을 듣고 매우 걱정이 되어 다시 글을 보내 전과 같이 조심하라고 당부했으나, 심대는 그 태도를 바꾸지 않았다.

그는 군사를 모아 모두 자신을 따르게 하고 한양을 회복하고자 한다는 소문을 퍼뜨리며, 날마다 사람을 한양 성안으로 보내 성안에 들어가서 군사를 모집하여 안에서 응하겠다는 약속을 받아내게 했다. 그러자 성안의 사람들은 난리가 평정된 후에 적군에 붙었다는 죄를 얻을까 두려워하여 연명장을 만들어 작성하고, 성을 나와 감사에게 가서 스스로 성안에서 응하겠다고 말하는 사람이 날마다 천 명, 백 명으로 늘어났다. '지시를 받기 위해서'니, '병기를 운반하기 위해서'니 '적군의 정세를 보고하기 위해서'니 하는 명목으로, 사람마다 거리낌이 없이 감사에게 아무나 왕래하게 되었고 아무런 막힘이 없었다. 그러다 보니 그 중에는 또한 적군의 앞잡이가 되어 이쪽의 동정을 살피는 사람이 많아 서로 섞여서 왔다 갔다 했으나 심대는 이들을 믿고 의심하지 않았다.

이때 심대는 삭녕군에 있었는데, 적군이 이를 탐문하여 알아 낸 뒤에 밤에 몰래 대탄[7]을 건너와서 공격했다. 심대가 놀라 일어나서 옷을 입고 달아나자, 적군이 뒤쫓아가서 살해했다. 내가 그와 함께 하라 명했던 장씨 성을 가진 그 군관도 같이 전사하고 말았다.

적군이 물러간 후에 경기 사람들이 시체를 거두어 삭녕군에서 임시로 장사를 지냈다. 수일 후에 적군이 다시 와서 심대의 머리를 베어 종루 거리 위에 매달았는데, 죽은 지 5~60일이 지났는데도 얼굴빛이 산 사람과 같았다. 한양 사람들이 그의 충의를 안타깝게 여겨 서로 재물을 모아, 왜적에게 뇌물을 주고 심대의 머리를 찾아와서 함에 넣어 강화로 보냈다가 적군이 물

---

7) 연천 남쪽 30리 지점에 있는 임진강의 여울목.

러간 후에 그의 시체와 함께 고향에 돌려보내서 장사를 지내게
했다.

심대는 본관이 청송이며 자는 공망이다. 아들은 대복인데 조
정에서 심대의 충의를 생각해서 그 아들에게 벼슬을 주어서 현
감에까지 이르렀다.

강원도 조방장 원호가 여주 남쪽 구미포에서 적군을 섬멸했
다. 그러나 춘천에서 싸우다 전사했다.

이때 적군의 큰 부대가 충주와 원주에 주둔하고 있었는데, 진
영이 한양까지 이어져 있어 충주에 있는 적의 군사들은 죽산·
양지·용인으로 연결되는 길을 통해 한양을 왕래하고 있었고,
원주에 있는 적들의 군사는 지평·양근·광주로 연결되는 길을
따라 한양으로 진격하려고 했다.

원호는 여주 구미포에서 적군을 쳐서 섬멸했고, 이천 부사 변
응성은 배에 활을 쏘는 군사들을 싣고 짙은 안개가 낀 틈을 이
용하여 여주의 마탄에서 기습하여 적군을 죽인 것이 자못 많았
다. 이 때문에 원주에 있는 적은 한양으로 진격할 통로가 드디
어 끊어졌고, 적군은 모두 충주 한양으로 통하는 길을 경유하게
되었다. 그리하여 이천·여주·양근·지평 등 고을의 백성들이
적군의 칼날에서 면할 수 있게 된 것은 원호의 공이라고 사람

들은 말했다.

순찰사 유영길이 다시 원호를 재촉하여 춘천에 있는 적군을 치게 했다. 원호는 이미 싸움에서 이겼으므로 자못 적군을 깔보는 마음이 있었다. 적군은 원호가 장차 올 거라 생각하고 복병을 배치해 기다리고 있었으나, 원호는 이 사실을 알지 못하고 나가다가 마침내 적의 복병에게 살해되고 말았다. 이리하여 강원도 전체에서는 더 이상 적군을 막을 사람이 없었다.

7장

민중의 봉기, 의병

훈련원 부봉사[1] 권응수와 정대임 등이 그 지역에서 모집한
군사를 거느리고 영천의 적군을 쳐부수고 마침내 영천을 수
복했다.

 권응수는 영천 사람인데 힘이 세고 담력과 용맹이 있었다. 그
는 정대임과 함께 군사 1천여 명을 거느리고 적군을 영천에서
포위하려 했는데, 군사들이 적군을 두려워하여 앞으로 나아가
지 않았다. 그것을 보고 권응수가 몇 사람을 베어 죽이자, 군사
들은 그제야 다투어 분발하여 성을 타 넘고 들어가 적과 좁은

---

1) 조선 시대 때 내의원·군기시·관상감·사역원·선공감·종묘서·전생서에
   둔 정9품 벼슬.

거리에서 싸웠다. 적군은 전세가 불리해지자 창고 속으로 몰래 도망쳐 들어가거나 명원루에 위에 올라갔는데, 우리 군사들이 불을 질러 공격하자 적군은 모두 불에 타서 죽었고 그 냄새가 몇 리 밖까지 풍겼다. 남은 적병 수십 명은 도주하여 경주로 달아났다.

이때부터 신녕·의흥·의성·안동 등 고을의 적군들은 모두 한쪽 길로 모이게 되어 경상좌도의 여러 고을들이 보전될 수 있었다. 이것은 영천에서 한 번 싸워 이긴 공이라 할 수 있다.

경상 좌병사 박진이 경주를 수복했다.

박진은 처음에 밀양에서 달아나 산속으로 들어갔다. 조정에서는 전 병사 이각이 성을 버리고 도망친 죄로 숨어 있는 곳에 찾아가 그를 베어 죽이고, 대신 박진을 병사로 임명했다.

당시에는 적병이 도처에 가득하여서 행재소의 소식을 남방에 전하지 못한 지가 이미 오래였다. 인심이 동요하여 어찌할 줄 몰랐는데, 박진이 병사가 되었다는 말을 듣고 이에 흩어졌던 백성들이 점점 모여들었다. 수령들도 이따금 산골짜기에서 나와 다시 일을 보게 되니 그제야 조정이 있는 줄 알게 되었다.

그 후 권응수가 영천을 수복하자, 박진은 경상좌도에 있던 군사 1만여 명을 거느리고 경주성 아래까지 밀어닥쳤으나, 적군이 몰래 북문으로 나와 우리 군사의 후면을 엄습하자 후퇴하여 안강으로 돌아왔다. 밤중에 다시 군사들을 성 밑에 잠복시켰다가 비격진천뢰를 쏘게 했다. 진천뢰가 성안 객사 뜰 가운데 떨어지자, 적병들은 그것이 어떻게 만들어진 무기인지 알지 못해 다투어 모여들어 구경하며 서로 굴려도 보고 가까이 들여다보기도 했다. 조금 있다가 포탄이 그 속에서 폭발하여 그 소리가 천지를 진동시키고 쇳조각이 별처럼 무수히 부서져 흩어져 튀었다. 파편에 맞아서 곧바로 그 자리에서 죽은 적병군이 30여 명이나 되었고, 파편에 맞지 않은 적병들 또한 쓰러졌다가 한참만에 일어났다. 하나같이 놀라고 두려워하지 않은 적병이 없었으나, 그것이 어떻게 만들어진 것인지를 짐작도 할 수 없었기에 그저 신비하다고만 생각했다.

이튿날 적군은 마침내 전군대가 경주성을 버리고 모조리 서생포[2]로 도망쳤고 박진은 드디어 경주로 들어가서 적이 남긴 곡식 1만여 석을 되찾게 되었다.

이 일이 조정에 알려져서 박진은 종2품 가선대부로 승진되었으며, 권응수는 정3품 통정대부로 승진되고, 정대임은 예천 군수로 승진되었다.

비격진천뢰는 옛날에는 없었던 무기인데, 군기시의 화포 장

---

2) 울산 남쪽 50리 지점에 있는 진.

인 이장손이라는 사람이 창안한 것이다. 진천뢰를 대완구[3]에 넣어 쏘면 능히 500~600보 밖까지 날아가서 땅에 떨어진 지 한참 만에 안에서 저절로 불이 일어 화약이 폭발하도록 만들어진 무기이다. 적군은 아군의 무기 중 이 물건을 가장 두려워했다.

당시 각 도에서 의병을 일으켜 적군을 토벌한 사람이 매우 많았다.

전라도에서 활약한 사람으로 전 판결사[4] 김천일, 첨지 고경명, 전 영해 부사 최경회가 있다.

김천일의 자는 사중이다. 그는 가장 먼저 의병을 일으켜 군사를 거느리고 경기도로 진격했다. 조정에서는 이를 가상히 여겨 그 군대에 '창의군'이란 칭호를 내렸으나, 얼마 후에 군대의 병력을 유지하지 못하자 강화로 들어갔다.

고경명의 자는 이순이고 고맹영의 아들이다. 글을 짓거나 글씨를 쓰는 재주가 있었는데, 그도 또한 자신의 고장에서 모집한 군사를 거느리고 여러 고을에 격문을 보내 적군을 토벌했으나, 적군과 싸우다가 패전하고 전사했다. 그의 아들 고종후가 그를

---

3) 조선 시대에 만든 대형 화포. 지름 30cm쯤 되는 쇠나 돌로 만든 둥근 탄알을 넣어 쏘았다.
4) 장례원의 으뜸 벼슬로 정3품 당상관임.

대신하여 그 군사를 거느렸으며 군대 이름을 '복수군'이라고 불렀다.

최경회는 뒤에 경상 우병사가 되어 진주 싸움에서 전사했다.

또 경상도에 살던 사람으로는 의령의 곽재우, 고령의 전 좌랑[5] 김면, 합천의 전 장령 정인홍, 예안의 전 한림 김해, 교서관 정자 유종개, 초계의 이대기, 군위 교생(향교 생도) 장사진 등이 일어났다.

곽재우는 곽월의 아들이다. 자못 재략이 있었는데, 여러 번 적군과 싸워 이겨서 적군은 그를 두려워했다. 사람들은 정암 나루를 굳게 지켜 적군을 의령 지경에 들어오지 못하게 한 것은 곽재우의 공이라 했다.

김면은 이미 세상을 떠난 무장 김세문의 아들이다. 적군을 거창 우척현에서 막아 여러 번 물리쳤다. 이 사실이 조정에 알려져서 우병사로 승진되었으나 병으로 군중에서 죽었다.

유종개는 의병을 일으킨 지 얼마 안 되어 적군을 만나 싸우다 전사했는데, 조정에서는 그 뜻을 가상히 여겨 예조참의[6]의 벼슬을 내렸다.

장사진은 여러 차례 적과 싸워서 적병을 쏘아 죽인 것이 매우 많았으므로, 적군은 그를 '장 장군'이라 부르면서 감히 군위

---

5) 육조의 정6품 벼슬.
6) 육조의 판서·참판 다음가는 벼슬. 정3품.

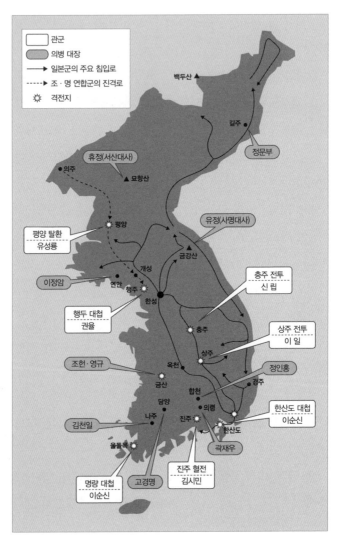

주요 의병장과 궐기 지역

근방에는 들어오지 못했다. 하루는 적군이 복병을 배치해 그를 유인했는데, 장사진은 속임수라는 것을 모르고 적을 끝까지 추격하다가 미리 숨어 있던 적병에게 포위되었다. 하지만 그는 오히려 크게 고함을 외치며 힘껏 싸웠다. 그에게 화살이 다 떨어지자 적병은 장사진의 한쪽 팔을 쳐서 잘랐다. 그런데도 장사진은 멈추지 않고 남은 한쪽 팔로 끝까지 싸우다가 마침내 전사하고 말았다. 이 사실이 알려져 조정에서 는 그에게 수군절도사를 증직[7]했다.

또 충청도에 살던 사람으로는 승려 영규, 전 제독관 조헌, 전청주 목사 김홍민, 서얼 이산겸, 사인 박춘무, 충주 사람 조덕공, 내금위 조웅, 청주 사람 이봉 등이 일어났다.

영규는 힘도 세고 전투에 능하여 조헌과 함께 청주를 수복했으나, 후에 적군에게 패전하여 모두 전사했다. 조웅은 가장 용감하여 능히 말 위에서 서서 달리기도 했으며, 적군을 자못 많이 죽였으나 결국 전사했다.

또 경기도에 살던 사람으로는 전 사간원 우성전, 전 정[8] 정숙하, 수원 사람 최흘, 고양 사람 진사 이로·이산휘, 전 목사 남언경, 유학 김탁, 전 정랑[9] 유대진, 충의위 이일, 서얼 홍계남, 선

---

7) 죽은 뒤에 품계와 벼슬을 추증하던 일. 종2품 벼슬아치의 부친, 조부, 증조부나 충신, 효자 및 학행이 높은 사람에게 내려 주었음.
8) 봉상시·내의원·내사시·예빈시 등 관아의 으뜸 벼슬. 정3품.
9) 조선 시대 때 육조에 둔 정5품 벼슬.

창의토왜도(고려대학교박물관 소장)
정문부가 이봉수 등과 의병을 일으켜 활약한 업적을 그린 그림이다.

비 왕옥 등이 일어났다.

홍계남이 그중에서도 가장 사납고 용맹스러웠다.

그 밖의 사람들은 각자 자신의 마을에서 백여 명, 혹은 수십여 명씩 사람들을 모아서, 의병이라 이름을 붙인 사람은 이루 헤아릴 수 없이 많았으나 기록할 만한 공적은 없으며, 모두 이리저리 옮겨 다니는 동안에 사라졌을 따름이다.

또 승려 유정은 금강산 표훈사에 있었다. 적군이 금강산으로 들어오자 절에 있던 다른 승려들은 모두 달아났으나 유정은 꼼짝도 하지 않고 앉아 있었고, 그 모습을 본 적군은 감히 유정에게 가까이 달려가지 못했으며 어떤 자는 두 손바닥을 마주 합장하며 경의를 표하기까지 했다.

내가 안주에 있을 때 사방에 공문을 보내 각기 의병을 일으켜 적에 맞서 싸우라고 격려한 적이 있었는데, 이 공문이 금강산에 이르자 유정이 이것을 불탁 위에 펴놓고 여러 승려들을 불러 모아 읽으면서 눈물을 흘렸다고 한다. 그는 마침내 승군을 일으켜 적과 싸우기 위해 서쪽으로 달려왔다. 평양에 이를 무렵에는 그 군사가 천여 명이나 되었다. 승군은 평양성 동쪽에 주둔하면서 순안에 주둔하고 있는 우리 군사와 더불어 서로 호응하는 형세를 이루었다.

---

10) 종실의 작호. 감은 종친부의 정6품 벼슬. 여기 호성감은 이주임.

또 종실 호성감[11]이 군사 백여 명을 거느리고 임금이 계신 곳으로 달려가자, 조정에서는 그를 승진시켜 호성 도정[11]으로 삼았으며, 순안에 주둔하여 대군과 세력을 합치도록 했다.

또 북도에서 활약한 사람으로는 평사[12] 정문부와 훈융[13] 첨사 고경민이 공로가 가장 많았다고 한다.

이일을 순변사로 임명하고, 이빈을 불러 행재소로 돌아오게 했다.

이일이 처음에 대동강 여울을 지키다가 평양이 이미 함락되자, 강을 건너 남쪽으로 가서 황해도로 들어가 안악을 거쳐 해주로 갔다가 해주에서 다시 강원도 이천으로 가서 세자를 따라 군사 수백 명을 모집했다. 그는 적군이 평양에 들어가서 오래도록 나오지 않았으며, 명나라 군사가 곧 이른다는 말을 듣고는 드디어 평양으로 되돌아와 평양에서 동북쪽으로 10여 리 쯤에 있는 임원평에 진을 치고서 의병장 고충경 등과 함께 세력을 연합하여 자못 많은 적병을 베어 죽이고 사로잡기도 했다.

그런데 이빈이 순안에 있으면서 진격할 때마다 번번이 패전

---

11) 종실의 작호. 도정은 종친부·돈녕부·훈련원의 정3품 당상관.
12) 병마평사의 준말. 정6품 외직 무관의 하나. 평안도와 함경도에 두었음.
13) 함경도 경흥부 북쪽 28리 지점에 있었던 진. 성을 돌로 쌓았음.

했다. 그래서 무군사[14]의 종관들이 모두 지휘관을 이일로 바꾸자고 했다. 그러나 원수 김명원만은 홀로 이빈을 그대로 두자고 주장하여 무군사와 의론이 맞지 않아 서로 다툴 기색이 있으므로, 조정에서는 나에게 순안 군중으로 가서 그것을 진정시키고 조정하라고 했다. 조금 후에 조정의 의론이 모두 이일이 이빈보다 낫다고 하고, 또 명나라 군사가 곧 나온다는 소식도 있는 마당에 이빈이 그 업무를 감당하지 못할까 걱정되어서, 마침내 이일이 이빈을 대신하게 했다. 이일의 군대는 박명현이 대신 거느리게 했으며, 이빈은 행재소로 돌아오게 했다.

적군의 간첩 김순량을 사로잡았다.

내가 안주에서 군관 성남을 시켜 전령을 가지고 수군장 김억추에게 가서 적군을 공격할 일을 비밀리에 미리 약속하고 오도록 했는데 그때가 12월 2일이었다.

내가 성남을 보내면서 "6일 안으로 이 전령을 돌려보내도록 하여라"라고 했는데 기일이 지나도 전령을 돌려보내지 않았다. 이에 성남을 추궁했더니 성남의 말은 "벌써 강서 군인 김순

---

14) 임진왜란 중 세자를 책봉하고 임금과 세자는 각각 다른 곳으로 피란을 갔다. 그때 세자를 모시는 조직을 분비변사라 하여 현지에서 발생하는 각종 업무를 독자적으로 처리하게 함. 나중에 분비변사의 이름을 나중에 '무군사'로 바꿈.

량을 시켜 돌려드리도록 했습니다"라고 했다. 그래서 나는 김순량을 잡아다가 전령이 어디에 있느냐고 따져 물었더니, 그는 일부러 정신이 흐리멍덩한 시늉을 하며 전혀 모른다며 이리저리 말을 꾸몄다. 그것을 보고 성남이 말하기를 "김순량이 전령을 가지고 나간 지 며칠 뒤에 군중으로 돌아왔는데, 소 한 마리를 끌고 와서 제 무리들과 함께 잡아먹기에 사람들이 이 소를 어디서 끌고 왔느냐고 물었더니, 김순량은 '본래 내 소인데 친척 집에 맡겨둔 것을 도로 찾아온 것이다'라고 대답했습니다. 그런데 지금 그의 말을 듣고 보니 종적이 의심스럽습니다"라고 했다.

나는 그제야 김순량을 고문하여 사실을 철저하게 캐내도록 지시했다. 그제야 그는 사실대로 고백하기를 "소인은 적군의 간첩 노릇을 했습니다. 그날 성남에게 전령과 비밀 공문을 받아서, 바로 평양성으로 들어가 적에게 보였더니, 적의 장수가 전령은 책상 위에 두고, 비밀 공문은 보고 나서 곧바로 찢어 없앴습니다. 그리고 나서 소인에게는 소 한 마리를 상으로 주었으며, 같이 간첩이 된 서한룡에게는 명주 다섯 필을 상으로 주었는데, 다시 다른 비밀을 탐지하여 15일 안으로 와서 보고하라는 지시를 받고 나왔습니다"라고 했다.

나는 그자에게 "간첩 노릇 한 사람이 너 한 사람뿐인가, 또는 몇 명이나 더 있는가?"라고 하고 물었더니, 김순량은 "40여 명이나 되는데, 순안·강서 등 여러 군진에 흩어져 있으며, 그들은 숙천·안주·의주 등지에 이르기까지 이곳저곳을 뚫고 들어가지 않는 곳이 없고, 일이 있기만 하면 곧바로 적에게 보고하도록 되어 있습니다"라고 대답했다.

그의 대답을 듣고 나는 크게 놀라서 곧 이 사실을 조정에 보고했다. 그리고 간첩의 이름을 조사하여 급히 여러 군진에 통보하여 그들을 체포하도록 했다. 혹은 잡기도 하고 혹은 놓치기도 했다. 김순량을 성 밖에서 목을 베어 죽였다.

이런 일이 있은 지 얼마 안 되어 명나라 군사가 도착했는데도 적군은 그 정보를 알지 못했는데, 이것은 아마도 그 간첩의 무리가 놀라서 흩어졌기 때문일 것이다. 이 또한 우연한 기회로 발각된 것이니, 또한 하늘의 도움이 아닐 수 없다.

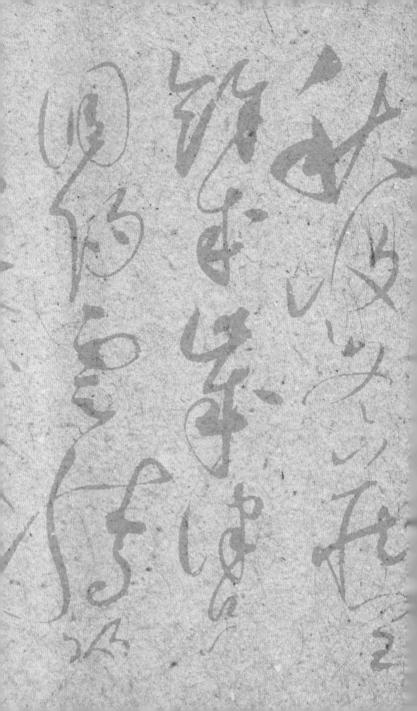

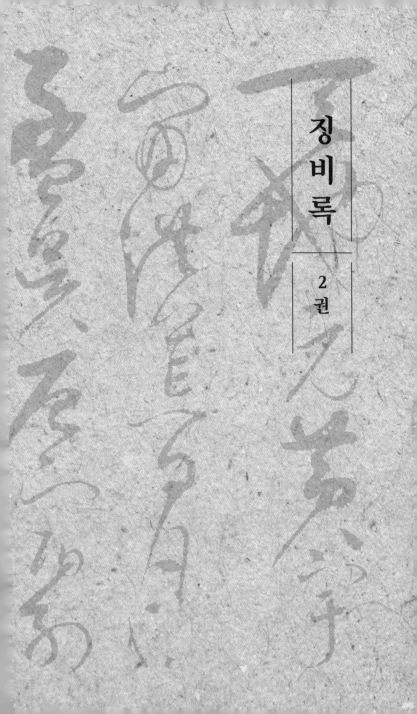

징비록

2권

8장

평양 수복

12월, 명나라 조정에서 대규모의 원군이 출동했다.

　병부우시랑 송응창을 경략으로 임명하고, 병부원외랑 유황상과 병부주사 원황을 찬획 군무에, 주 요동 제독 이여송을 대장으로 각각 임명했다. 이들은 세 영장인 이여백·장세작·양원과 남방 장수 낙상지·오유충·왕필적 등을 거느리고 압록강을 건너왔는데, 군사는 총 4만여 명이 넘었다.

　이에 앞서서 심유경이 떠난 후에 왜적은 군사를 거두고 평양성에서 웅크린 채 움직이지 않았는데, 50일이 지나도 심유경이 오지 않자 왜적도 이를 의심하여 "정월에는 압록강에서 말에게 물을 먹일 것이다"라는 소문을 퍼뜨렸다. 적의 규중에서 도망쳐 돌아온 사람들도 모두 적병이 성을 공격할 기구들을 대대적으로 수리하고 있다고 하여 사람들이 더욱 두려워했다.

12월 초에 심유경이 또 와서 다시 평양성 안으로 들어가 며칠 동안 머무르면서 재차 적과 서로 약속을 하고 갔으나 그 내용이 무엇인지 듣지 못했다.

그러다가 명나라 군대가 안주에 이르러 성 남쪽에 진영을 치니, 깃발과 병기가 정돈되고 엄숙하기가 아주 신령스러울 정도였다.

나는 제독 이여송과 만나 일을 의논하고자 했다. 내가 만남을 청했더니 제독이 동헌에 앉아서 들어오도록 했다. 만나보니 그는 풍채가 뛰어난 장부였다. 의자에 마주 앉은 후, 나는 소매 속에서 평양 지도를 꺼내놓고 그 지방의 지세와 군사가 들어갈 수 있는 길을 가리켜 보였다. 제독은 귀를 기울여 내 말을 주의 깊게 듣고 있다가 내가 가리키는 곳마다 붉은색으로 표시했다. 그리고 나를 보고는 "왜병들이 믿고 있는 것은 다만 조총뿐인데, 우리는 대포를 쓰고 있으니 대포는 모두 5~6리 정도를 날아갑니다. 왜적들이 어찌 당해내겠습니까?"라고 했다.

내가 물러나오자 제독은 부채 앞면에 시 한 편을 써서 나에게 보내왔다. 그 시는 다음과 같다.

삼한의 국사가 불안하기에

군병을 이끌고 밤길도 쉼 없이 강을 건너왔다오

황제님은 날마다 승전의 소식 기다리시고,

하찮은 이 신하는 술잔도 그만두었다오

봄이 와도 살벌한 기운에 마음은 오히려 장렬해 가나니,

요사한 왜적들 뼈가 이미 서늘하리

농담인들 어찌 승산 아닌 것을 말하리오

꿈속에도 항상 싸움터로 말을 달린다오

이때 안주성 안에는 명나라 군사들이 가득 차 있었다.

내가 백상루에 있었는데, 한밤중에 명나라 사람이 갑자기 군중의 비밀 약속 세 조목을 가지고 와서 나에게 보이기에, 그 성명을 물었으나 대답 없이 그대로 가버렸다.

제독이 부총병 사대수를 먼저 순안으로 보내서 "명나라 조정에서는 이미 화친하기를 허락했으며, 유격장군 심유경 또한 다시 왔다"고 말하여 왜적을 속이게 했다. 이 말을 듣고 왜적은 기뻐했으며, 겐소는 시를 지어 올리기까지 했다.

일본이 전쟁을 그치고 명나라에 복정하니,

사해 구주가 한집안이 되었습니다

기쁨의 기운 홀연히 나라 밖의 눈을 녹이니,

누리에 봄이 일러 태평화가 피었습니다

이때가 1593년(계사년, 선조 26년) 봄 정월 초하룻날이었다.

왜적은 그들의 소장 평호관에게 군사 20여 명을 거느리고 순안으로 나와서 심유경을 맞이하게 했다. 사대수 부총병은 복병을 배치하고, 그들을 유인하여 같이 술을 마셨다. 그러는 동안 미리 숨어 있던 군사들이 갑자기 나와서 닥치는 대로 쳐서 평호관을 사로잡고 거느리고 온 왜병들도 거의 다 베어 죽였는데, 그중 세 사람이 빠져 달아났으므로 적의 군중에서는 그제야 명나라의 구원병이 온 것을 알고 크게 소란스러워졌다.

그때 명나라의 대군은 벌써 숙천에 이르렀는데, 날이 저물어 막 진영을 치고 밥을 짓던 중에 보고가 들어왔다. 제독이 활줄을 당겨 화살을 쏘아 시위 소리를 내면서 진격 신호를 하고, 곧 기병 몇 명을 거느리고 순안을 향해 달려 나가자 여러 진영의 군사들이 뒤따라 출발해 나아갔다.

이튿날 아침에 진군하여 평양성을 포위하고 보통문과 칠성문을 공격했다.

적군은 성 위에 올라가서 붉은 깃발과 흰 깃발을 세우고 막아 싸웠다. 명나라 군사는 대포와 화전(불화살)으로 이를 공격했다. 대포 소리가 수십 리 사이의 크고 작은 산들을 모두 울렸다. 화전은 공중에서 베 짜는 올처럼 펼쳐져서 연기를 피우며 하늘을 가렸으며, 몇몇은 성안으로 떨어져 곳곳에 불을 일으켰다. 숲이 모두 타버렸다.

낙상지·오유충 등은 부하 군사를 거느리고 개미처럼 성벽에 붙어 기어오르기 시작했다. 앞선 군사가 떨어지면 뒤따르는 군사가 또 올라 물러나는 군사가 없었다. 적병의 성첩에 칼과 창이 고슴도치 털처럼 빽빽이 드리우고 대항했으나, 명나라 군사는 더욱 힘차게 공격하여 싸웠다. 때문에 적병은 마침내 버티지 못하고 내성(內城)으로 몰려 들어갔는데, 창칼에 베이고 불에 타서 죽은 군사가 매우 많았다.

명나라 군사는 성안으로 들어가 공격했다. 적병은 성 위에 토벽을 쌓고 구멍을 많이 뚫었는데, 바라보니 마치 벌집 같았으며 그 구멍 틈으로 총탄을 마구 쏘아대서 명나라 군사가 많이 다치고 전사했다. 그래서 제독은 궁지에 빠진 적병이 죽기로 작정하고 대항하지 않을까 염려하여, 군사들을 일단 성 밖으로 후퇴시켜 적군이 달아날 길을 열었다. 그날 밤에 적군은 과연 대동강에 떠 있는 얼음을 건너 도주했다.

이보다 앞서 내가 안주에 있을 때, 명나라 대군이 곧 나온다는 말을 듣고는 황해도 방어사인 이시언과 김경로에게 적이 달아날 길목을 지켰다가 공격하도록 비밀리에 통지하고, 이들에게 경계하여 말하기를 "그대들의 두 부대는 길가에 숨어 있다가 적군이 다 지날 때까지 기다려 그 뒤를 추격하라. 적군은 굶주리고 피곤한 채로 도망치니 싸울 생각도 못 할 것이므로 다 잡아 묶을 수가 있을 것이다"라고 했다.

나의 전갈을 받고 이시언은 곧 중화군으로 갔으나 김경로는 다른 일이 있다고 핑계를 대었다. 나는 군관 강덕관을 보내서 다시 독촉했고 김경로는 마지못해 중화군으로 왔으나, 적군이 물러가기 하루 전날에 황해도 순찰사 유영경이 보낸 공문을 받고 그만 재령으로 달아났다.

이때 유영경은 해주에 있으면서 김경로가 자신을 호위해주기를 바랐고, 김경로는 적군과의 싸움을 꺼려서 피해간 것이다.

적의 장수 고니시 유키나가·소 요시토시·겐소·다이라 시게노부 등은 남은 군사를 거느리고 밤을 새워 달아나는데, 적군의 기운은 빠질 대로 빠지고 발은 부르터서 절룩거리면서 행군을 했다. 그들 중 일부는 농가로 기어가 손으로 입을 가리키면서 밥을 애걸하기도 했다. 적의 실정이 그런데도 우리나라에서는 한 사람도 나와서 그들을 치는 자가 없었고 명나라 군사도 추격하지 않았다. 홀로 이시언만이 그 뒤를 쫓았으나 그도 감히 적군에게 가까이 가지는 못하고, 다만 굶주리고 병들어서 뒤쳐진 적병 60여 명 정도만 베어 죽였을 뿐이었다.

그때 왜적의 장수로 한양에 남아 있던 사람은 다이라 히데이에[1]뿐이었다. 다이라 히데이에는 관백 도요토미 히데요시의 조카라고도 하고 혹은 사위라고도 했다.

---

1) 우키타 히데이에를 말한다.

평양성 전투도
조선과 명나라의 연합군이 평양을 탈환하는 모습을 잘 보여 준다.

그는 나이가 어려서 독자적으로 일을 주관하지 못했다. 군사 지휘에 관한 일은 고니시 유키나가가 맡고 있었고, 가토 기요마사는 함경도에 있어서 아직 한양으로 돌아오지 않았었다. 그런 상황에서 고니시 유키나가·소 요시토시·겐소 등이 사로잡혔더라면 한양에 있는 적군은 저절로 무너졌을 것이며, 한양의 적군이 무너졌더라면 가토 기요마사 부대는 돌아갈 길이 끊어져 군사들은 마음이 어수선하고 두려워 반드시 바닷길을 따라 도주하려 했겠지만 끝내 빠져나가지는 못했을 것이다. 그랬으면 한강 이남에 있는 적진이 차례로 와해되었을 것이니, 명나라 군사는 그저 북을 울리고 천천히 행진하여 바로 부산에 이르러서 술이나 실컷 마시면 되었을 것이다. 뿐만 아니라 이 잠깐 사이에 우리의 모든 강산 안이 깨끗하게 평정되었을 것이니, 어찌 그 여러 해에 걸쳐 시끄러운 전쟁 상태를 계속해야 할 일이 있었겠는가. 김경로 한 사람의 잘못으로 천하의 평화가 그 해를 받게 되었으니 참으로 분하고 안타까운 일이다.

나는 임금께 장계를 올려 김경로를 사형에 처하도록 요청했는데, 이때 나는 평안도 체찰사로 있어서 김경로는 내 관할이 아니기 때문에 먼저 임금께 이 일을 아뢰었던 것이다. 나의 요청에 따라 조정에서는 선전관 이순일을 보내 표신[2]을 가지고 개성에 이르러 김경로의 목을 베려고 했는데, 먼저 제독 이여송에게 알리니 제독은 말리면서 말하기를 "김경로의 죄는 죽어 마땅하다. 그러나 아직까지 적군이 섬멸되지 않았으므로 한 사람의 무사라도 죽이기는 아까우니, 우선 잠정적으로 군직이 없이 종군하도록 하여 그가 공을 세워 죄를 씻게 함이 옳을 것이오"라고 하면서 공문을 적어 이순일을 통해 보내 왔다.

순변사 이일을 해임하고 후임으로 이빈을 임명했다.

평양 전투에서 명나라 군사는 보통문으로 공격해 들어가고, 이일과 김응서 등은 함구문으로 공격해 들어갔다. 군사를 일단

---

2) 궁중에 급변을 전할 때 궁궐 문을 드나들 때 쓰던 문표.

거두어 퇴각시킬 때, 이들도 모두 성 밖에 물러 나와서 진을 치고 있었다. 적이 평양에서 도주한 사실은 그 이튿날 아침에야 비로소 알게 되었다. 제독 이여송은 우리 군사가 경비하여 지키지 않았기 때문에 적군이 도망쳐 가도 몰랐다고 허물을 우리에게 돌렸다. 분위기가 이렇게 돌아가자 명나라 장수들 중에서 전에 순안을 왕래하면서 이빈과 서로 친한 사람이 이일을 논란하여 말하기를 "이일은 장수가 될 만한 자격이 없으니 이빈이 적임자입니다"라고 다투어 제안했다. 제독은 우리 조정에 공문을 보내어 이와 같은 사실을 말해왔다.

조정에서는 좌의정 윤두수를 평양으로 파견했다. 윤두수는 이일의 죄를 심문하고 군법에 따라 참형을 시행하려고 했으나 얼마 후에 이일을 석방했다. 그리고 이일을 대신해 이빈에게 기병 3천 명을 뽑아 거느리고 제독을 따라 남쪽으로 가도록 했다.

9장

전선의 교착

이여송 제독이 파주로 진군하여 적군과 벽제관 남쪽에서 싸웠으나 전세가 불리하여 이기지 못했고, 개성으로 돌아와 주둔했다.

처음에 우리가 평양을 되찾았을 때, 대동강 이남에 있던 적은 모두 도망쳤다. 제독은 적군을 추격하려고 나에게 "대군이 지금 앞으로 진격하려 하는데, 듣기로 앞길에 군량과 말먹이가 없다고 합니다. 의정(류성룡)은 대신으로서 마땅히 나랏일을 생각해야 될 것이므로 수고를 꺼리지 말고 급히 가서 군량을 준비하여 허술하거나 어긋나는 일이 없도록 해주어야겠소"라고 말했다.

나는 제독과 작별하고 나왔다. 이때 명나라 군대의 선봉은 벌써 대동강을 건너 남쪽으로 가고 있었는데, 어지럽게 달리면서 길을 막으므로 전진할 수가 없었다. 나는 이리저리 옆길로 돌아 빨리 달려가서 명나라 군대 앞으로 나아가 그날 밤에 중화군을 거쳐 황주에 이르니, 벌써 삼경이었다.

그때는 적병이 갓 물러간 뒤여서 지나는 곳마다 황폐하고 텅비어 백성들이 모이지 않았으므로 어떻게 해볼 대책이 서지 않았다. 나는 급히 공문을 황해 감사 유영경에게 보내 군량 운반을 재촉했다. 또한 공문을 평안 감사 이원익에게도 보내어 김응서 등이 거느린 군사들 중에서 전투에 참여할 수 없는 이들을 동원하여 평양에서부터 군량을 가지고 행군하는 군진의 뒤를 따라 황주로 보내도록 하고, 한편으로는 평안도의 세 고을의 곡식을 배로 운반해 청룡포에서 황해도로 수송하도록 했다. 그러나 일이 미리 준비된 것이 아니고, 임박한 때를 맞아 임시로 갑자기 서두른 일이며 대군은 곧 뒤따라올 것이었으니, 행여나 군량이 부족한 사태가 나지 않을까 걱정이 되어서 마음으로 몹시 애가 쓰이고 속이 탔다. 다행히 유영경이 저장한 곡식은 자못 많았으며 적군의 약탈을 두려워하여 산골짜기에 쌓아둔 것인데, 백성을 독려하여 운반해 와서 군대가 지나가는 연도에서 군량이 모자라는 사태에 이르지 않도록 했다. 얼마 뒤에 명나라 군대는 개성에 들어왔다.

1월 24일에 적군은 한양으로 돌아와서 우리 백성들이 아군과 내통할 것이라 생각하고, 또한 평양에서의 패전에 분노하여 한양에 남아 있던 백성들을 모두 죽이고 민가와 관가의 건물들을 다 불태웠다.

서도의 곳곳에 진을 치고 있던 적군들도 모두 한양으로 모여 명나라 군사와 싸울 준비를 하고 있었다.

나는 제독에게 빨리 진격하도록 연달아 청했으나, 제독은 여러 날을 머뭇거리다가 진군하여 파주에 이르렀다.

이튿날 부총병 사대수가 우리 장수 고언백과 함께 군사 수백 명을 거느리고 먼저 가서 적군을 정탐했는데, 적군과 벽제역 남쪽 여석령[1]에서 만나 적병 백여 명을 베어 죽이거나 사로잡았다.

제독이 이 소식을 듣자 주력 대부대는 머물게 하고는 혼자서 가정家丁[2]과 말 탄 군사 천여 명을 거느리고 달려갔는데, 혜음령을 지나다가 말이 넘어져서 땅에 굴러떨어지자 그의 부하들이 함께 부축해서 일으켰다.

당시 적군은 많은 군사를 여석령 뒤편에 숨기고, 수백 명만 고개 위에 배치해 두었다. 제독은 고개 위에 있는 적들을 바라

---

1) 고양 남쪽 15리 지점에 있는 고개.
2) 집안에서 부리는 남자 일꾼.

보고는 자신의 군사를 지휘하여 부대를 좌우로 나누어 서서 앞으로 나아가게 했다. 적군도 고개 위에서 아래로 내려와 양쪽 군대 사이의 거리가 서로 점점 가까워졌는데, 고개 뒤편에 숨어 있던 적병이 갑자기 산 위로 올라와 진을 치기 시작했다. 그 수가 거의 1만여 명이나 되었다. 명나라 군사는 이 광경을 바라보고는 마음속으로 두려워했으나, 싸움을 피할 수는 없었다.

그때 제독이 거느린 군사는 모두 북방의 기병으로서 화기도 없고 다만 짤막하고 무딘 칼만 가졌을 뿐인데, 적병들의 칼은 모두 삼사 척이나 되고 예리하기가 비길 데 없는 보병의 칼이었다. 드디어 양쪽 군사들이 충돌하여 싸우는데, 적병이 긴 칼을 좌우로 휘둘러 치자 사람과 말이 모두 쓰러져서 감히 그들의 날카로운 기세를 대적할 수가 없었다. 제독은 형세가 위급한 것을 보고 후군을 불렀다. 하지만 후군이 아직 싸움터에 이르지 않아서 먼저 온 군사는 벌써 패전하여 죽고 부상한 사람이 매우 많았으며, 적군 또한 군사를 거두고 급히 추격하지는 않았다.

날이 저물자 제독은 파주로 돌아와서 패전한 것을 숨기고 있었으나, 눈에 띄게 지쳐 있었다. 그날 밤에는 신임하던 하인이 전사한 것을 슬퍼하여 통곡까지 했다.

이튿날 제독이 동파로 군사를 퇴각하려고 하므로, 나는 우의정 유홍과 도원수 김명원과 함께 이빈 등을 거느리고 제독의 군막 아래로 갔다. 제독은 군막 밖에 서 있었고, 여러 장수들은 좌우에 서 있었다. 나는 힘써 반대하여 말하기를 "이기고 지는 것은 전쟁에서 흔히 있는 일인데, 마땅히 적군의 형세를 보아 다시 진격해야지, 어찌 경솔히 움직이려고 하십니까?"라고 하자, 제독은 "우리 군사가 어제 적병을 많이 죽였으며, 싸움에 패한 적은 없었소. 다만 이곳의 지세가 비가 내린 뒤에는 진창이 되어서 군사를 주둔시키기가 불편하니 동파로 돌아가서 군사들을 쉬게 했다가 다시 진격하려는 것입니다"라고 말했다.

나와 여러 사람들이 군사를 퇴각하지 말라고 힘껏 반대하자, 제독은 명나라 황제에게 올리는 보고서의 초고를 내보였는데 글 가운데에 "한양에 있는 적의 군사가 20여만 명이 되니, 적병은 많고 우리 군사는 적어 도저히 대적할 수 없사옵고…" 하는 말이 있고, 또한 끝에는 "신의 병이 매우 깊으니 다른 사람을 보내어 저의 임무를 대신하게 해 주시옵소서" 하는 말이 있었다. 나는 깜짝 놀라 손으로 적병의 수가 쓰인 부분을 가리키면서 "적병은 매우 적은데 20만이라니 어찌 된 말입니까?"라고 하자, 제독은 "내가 어찌 알 수 있겠는가? 이는 너희 나라 사람이 해준 말이다"라고 했는데 이 말은 핑계로 하는 말이었다.

명나라 여러 장수들 중에서도 장세작이 제독에게 가장 강력하게 군사를 퇴각시키자고 권했는데, 우리들이 굳이 반대하고 물러나지 않으니, 장세작은 순변사 이빈을 발길로 차며 물러가라고 꾸짖었다. 그 말소리와 낯빛이 모두 사나웠다.

이 무렵 큰 비가 날마다 내고, 또한 적군이 길가의 여러 산들을 불태웠기 때문에 산들은 모두 민둥민둥하여 말에게 먹일 풀이 한 포기도 없었고, 더욱이 전염병까지 겹쳐서 며칠 사이에 쓰러져 죽은 말이 거의 1만 필이나 되었다.

이날 삼영三營[3]의 군사들이 임진강을 도로 건너와서 동파역 앞에 진을 쳤다가, 이튿날은 동파에서 다시 개성으로 돌아가려고 하므로, 나는 또 힘써 반대하여 말하기를 "대군이 한 번 물러가게 되면 적군은 기세가 더욱 교만해지고, 우리의 원근 지방의 백성들이 놀라고 두려워하여 임진강 이북의 지역 또한 보전하지 못할 것이니, 원컨대 동파에 머무르다가 적군의 틈을 살펴보고 움직이도록 하시기 바랍니다"라고 했다.

제독은 내 말에 수긍하는 체했으나 내가 물러나오자 제독은 마침내 말을 타고 개성으로 돌아갔고, 다른 여러 군영들도 모두 개성으로 퇴각했다. 단지 부총병 사대수와 유격장군 관승선의 군사 수백 명만이 임진강을 지키고 있을 뿐이었다.

나는 여전히 동파에 머무르면서 날마다 사람을 제독에게 보내 다시 진격하도록 요청했으나 제독은 건성으로 응답하기를 "날이 개고 길이 마르면 당연히 진격할 것이오"라고 했으나 실

---

3) 명나라 군대의 전군·중군·후군 진영을 가리킴.

제로는 진격할 의사가 없었다.

주력 대부대가 개성에 도착한 지가 오래되어 군량이 이미 다 없어졌는데, 다만 강화에서 배로 곡식과 말에게 먹일 풀을 가지고 왔고, 또 충청도와 전라도의 조세로 바친 양곡을 배로 운반하여 조금씩 조달이 되기는 했지만 도착하는 대로 족족 다 떨어져서 사정은 갈수록 더욱 다급해져 갔다.

하루는 여러 장수들이 군량이 떨어진 것을 핑계 삼아 제독에게 군사를 데리고 돌아가자고 청하자, 제독은 노하여 나와 호조 판서 이성중, 경기 좌감사 이정형을 불러 뜰아래에 꿇어앉히고 큰 소리로 꾸짖으면서 군법을 시행하려 했다. 나는 제독의 성이 풀릴 때까지 계속 사과했다. 그러면서 이내 나랏일이 이 지경에 이른 것을 생각하자 나도 모르게 눈물이 흘러내렸다. 제독도 그런 우리가 딱했던지 다시 여러 장수에게 성난 빛으로 말하기를 "너희들이 전날에 나를 따라 서하[4]를 정벌할 때에는, 군사들이 여러 날을 먹지 못했는데도 오히려 감히 돌아가자고 말하지 않고서 마침내 큰 공을 세우지 않았는가. 지금 조선에 와서 겨우 며칠 동안 양식이 보급되지 않았다고 해서 어찌 갑자기 돌아가자고 한단 말이냐? 너희들은 가고 싶거든 가거라. 나는 적군을 쳐서 없애지 않고서는 돌아가지 않을 것이며, 마땅히 말가죽으

---

4) 중국의 서쪽 지방에 있었던 나라.

로 나의 시체를 싸서 고향에 돌아갈 따름이다"라고 하자, 여러 장수들이 모두 머리를 조아려 사과했다.

나는 제독과 작별하고 문밖으로 나와서 군량을 제때 보급하지 못한 죄로 개성 경력[5] 심예겸에게 곤장을 쳤는데, 곧 군량을 실은 배 수십 척이 강화에서 후서강[6]에 잇따라 닿아 가까스로 무사하게 되었다. 이날 저녁에 제독은 총병 장세작을 시켜 나를 불러 위로했고, 군사에 관한 앞으로의 일도 의논했다.

제독 이여송이 평양으로 되돌아갔다.

이때 적의 장수 가토 기요마사가 아직 함경도에 있었는데, 어떤 사람이 말을 전하기를 "가토 기요마사가 장차 함흥에서 양덕·맹산을 넘어 평양을 습격해 오려고 한다"라고 했다. 당시에 제독은 북쪽(평양)으로 돌아갈 생각은 있었으나 그 기회를 얻지 못하고 있었는데, 이 소식 이 빌미가 되었다. 이에 공공연하게 말하기를 "평양은 근본이 되는 곳이므로, 이곳을 만약 지키지 못하면 대군(명나라 군대)이 돌아갈 길이 없어지게 되니 평양을 구원하지 않을 수 없다"라고 하고는, 마침내 군대를 돌이켜 평양으로 돌아가고, 왕필적을 남겨 개성을 지키도록 했다. 그리고 접반사[7] 이덕형에게 이르기를 "조선 군대는 형세가 고립되

---

5) 조선 시대 때 각 부에서 실제적인 사무를 맡았던 종4품 벼슬.
6) 동파역 하류.
7) 외국 사신(여기서는 명나라 장수들)을 대접하는 관원.

고 구원병도 없으니 마땅히 모두 임진강 북쪽으로 돌아와야 할 것이오"라고 했다.

이때 전라도 순찰사 권율은 고양군 행주에 있었고 순변사 이빈은 파주에 있었으며, 고언백·이시언 등은 양주 서쪽의 해유령에 있었고, 원수 김명원은 임진강 남쪽에 있었으며 나는 동파에 있었는데, 제독은 적군이 퇴각하는 기회를 틈타서 아군을 공격하지 않을까 두려워하여 그렇게 말한 것이다.

나는 총사령관 신경진에게 급히 달려가서 제독에게 군사를 퇴각해서는 안 되는 다섯 가지 이유를 전하기를 "우리나라 선왕의 분묘들이 모두 경기 지방에 있는데 지금 그곳이 적군의 소굴로 변해버렸습니다. 신神과 사람들이 함께 회복하기를 바라는 마음이 간절하므로 차마 버릴 수 없으니 이것이 그 첫째 이유입니다. 경기 남쪽에 남아 있는 백성들은 날마다 명나라의 구원병이 오기를 바라고 있는데 물러갔다는 말을 갑자기 듣게 되면 다시 굳게 지킬 생각이 없어져 서로 이끌고 적군에게로 돌아갈 것이니 이것이 그 둘째 이유입니다. 우리나라의 강토는 한 자, 한 치의 땅일지라도 쉽사리 버릴 수 없는 것이니 이것이 그 셋째 이유이며, 우리나라의 장수와 군사들이 비록 힘은 약하지만 바야흐로 명나라 구원병에게 의지하여 함께 진격할 계획을 세우고 있는데 군대를 거두어 물러간다는 명령을 한번 듣게 되면 분명히 원망하고 분노를 품고 흩어질 것이니 이것이 그

넷째 이유입니다. 대군이 한번 물러간 후에 적병이 뒤따라 추격하게 되면 비록 임진강 북쪽 지방마저도 보전하지 못할 것이니 이것이 그 다섯째이유입니다"라고 했다.

이러한 주장에 대해 제독은 아무 말 없이 듣고만 있다가 떠나가버렸다.

전라도 순찰사 권율이 적군을 행주에서 격파하고 파주로 군사를 옮겼다.

한때 권율은 광주 목사로 있었는데, 이광을 대신하여 순찰사가 되어 군사를 거느리게 되었다. 그는 이광 등이 들판에서 싸

행주산성 대첩비와 행주대첩 기록화(경기도 고양시 덕양구 행주내동 소재)

우다 패전한 사실에서 교훈을 얻어서, 수원에 이르러 독성산성에 웅거하고 있었더니 적군이 감히 쳐들어오지 못했다. 그러던 중에 명나라 구원병이 장차 한양에 들어온다는 소식을 듣고 한강을 건너 행주산성에 진을 치고 있었던 것이다.

이때 적군이 한양에서 많은 군사를 세워 공격했다. 군중의 민심이 어수선해졌고, 사람들은 두려워하여 사방으로 흩어져 달아나고자 했으나 강물이 뒤에 있어 도주할 길이 없으므로 할 수 없이 도로 성안으로 들어와서 힘껏 싸웠다. 우리 군사들의 화살이 비 오듯 해서 적군이 세 진으로 나누어 번갈아 교대로 공격해왔으나 모두 패퇴하고 말았다. 때마침 날이 저물어 적군은 한양으로 돌아갔으며, 권율은 군사들을 시켜 적병의 시체를 가져와서 사지를 찢은 후 여기저기 나뭇가지에다 걸게 하여 분풀이를 했다.

얼마 후에 적군이 한양에서 다시 나와 기필코 보복전을 하고자 한다는 말을 듣고, 권율은 매우 두려워하여 병영의 통나무 울을 헐고 나서 군사를 거느리고 임진강에 이르러 도원수 김명원을 따랐다.

나는 이 소식을 듣고 혼자 말을 타고 달려가서 파주산성에 올라 지세를 살펴보았는데, 그곳은 큰 길에 닿아 있는 요충으로 지형이 험준하여 거점으로 삼을 만하다고 생각되었다. 곧 권율에게 순변사 이빈과 군사를 합쳐서 이곳을 지켜 적군이 서쪽으로 내려오는 것을 막도록 명령했다. 그리고 방어사 고언백, 이시언과 조방장 정희현, 박명현 등은 유격부대가 되어서 해유령을 막도록 했고, 의병장 박유인, 윤선정, 이산휘 등은 오른쪽 길을 따라 창릉과 경릉 사이에 잠복하도록 조처했다. 그래서 각각 자신의 군사들을 거느리고 나타났다 숨었다 하면서 적군을 기습 공격하되, 적병이 많이 나오면 싸우지 말고 피하며, 적병이 적게 나오면 곳곳에서 맞아 치게 했다. 이렇게 하고 난 뒤부터는 적군은 성 밖으로 나와서 땔나무를 하지 못하게 되었으며, 말이 수없이 죽었다.

나는 또 창의사[8] 김천일, 경기 수사 이빈, 충청 수사 정걸 등을 시켜 배를 타고 용산 서강으로 나가서 적군의 세력을 갈라놓게 했고, 충청도 순찰사 허욱은 양성에 있었기에 돌아가 본도인 충청도를 지켜서 남쪽으로 들어오려는 적군의 세력에 대비하게 했으며, 경기·충청·경상 각 도의 관군과 의병에게는 공문을 보내어 각기 자신들이 맡은 곳에 있으면서 좌우로 들어오는 적군을 기다리고 있다가 도중에서 맞받아쳐서 가는 길을 막도록 하고, 양근 군수 이여양은 용진[9]을 지키도록 했다. 여러 장수들이 베어 온 적병의 머리를 모두 개성 남문 밖에 매달아

---

8) 나라에서 큰 난리가 일어났을 때 의병을 일으킨 사람에게 주던 벼슬.
9) 남한강과 북한강이 만나는 지점에서 북한강 쪽으로 6~7리 지점에 있었던 나루.

놓았더니, 제독의 참군 여응종이 이것을 보고 기뻐하며 "조선 사람들도 이제는 적병의 머리 베기를 공을 쪼개듯이 하는구려"라고 했다.

하루는 한양에 있던 많은 적군이 대대적으로 동문에서 나와 산을 수색하여 양주와 적성을 거쳐 대탄[10]까지 이르렀으나 아무런 소득이 없었다. 사대수는 적군이 습격할까 두려워하여 나에게 "정탐꾼이 와서 말하기를 적군이 사 총병(사대수)과 류 체찰사(류성룡)을 잡으려 한다 하니 잠시 개성으로 피하는 것이 어떻겠습니까?"라고 했다.

내가 "정탐꾼의 말은 아마도 이치에 맞지 않는 듯합니다. 적군은 방금 우리 대군이 가까운 곳에 주둔하고 있다고 생각하고 있을 터인데, 어찌 감히 섣불리 강을 건너오겠습니까? 우리들이 한 번 움직인다면 민심이 반드시 동요될 것이니 가만히 기다리는 것만 같지 못합니다"라고 대답했다.

사 총병도 웃으면서 "그 말씀이 정말 옳습니다. 가령 적군이 온다 하더라도 나와 체찰사는 죽어도 같이 죽고 살아도 같이 살아야 할 텐데, 어찌 감히 저 혼자 가겠습니까?"라고 했다. 그러고는 마침내 자신이 거느린 용사 수십여 명을 떼어 보내서 나를 호위하도록 하여, 비록 비가 많이 오는 날에도 밤새워 나

---

10) 연천 남쪽 30리 지점에 있는 여울.

를 지키며 잠시도 게을리 하지 않다가 적군이 도로 성안으로 들어갔다는 말을 듣고서야 비로소 군사의 호위를 그만두었다.

그 후에 적군은 권율이 파주에 있는 것을 탐지해 알아내고서, 전날 행주에서의 패전에 보복하려고 많은 군사를 거느리고 서쪽 길로 나와서 광탄11)에 이르렀다. 그곳은 권율이 웅거하고 있는 산성(파주산성)까지 거리가 두어 마장 정도밖에 되지 않는 거리인데도 적은 군사를 머물러두고 나아가지 않았다. 적은 오시12)부터 진을 쳤으나 미시13)가 되도록 쳐들어오지 않았고, 도로 물러간 후로는 다시 나오지 않았다. 그것은 적군이 지형을 살펴보고는 권율이 웅거하고 있는 곳이 매우 험준해서 공격을 해도 승산이 없는 곳으로 보았기 때문일 것이다.

나는 왕필적에게 글을 보내 "적군이 지금 험준한 곳에 진을 치고 웅거하고 있으니 쉽사리 공격할 수 없겠으나, 명나라 대군은 마땅히 동파와 파주로 진격, 대군을 주둔시켜 적군의 뒤를 바싹 따라잡아 견제하도록 하고, 한편으로는 남쪽에 있는 군사 1만 명을 선발하여 강화에서 한강의 남쪽으로 나가서 적군이 생각하지 못하고 있는 틈을 타서 여러 적진을 쳐부순다면 한양에 있는 적군이 돌아갈 길이 끊어져서 반드시 용진을 향하여

---

11) 파주 남쪽 10여 리 지점.
12) 오전 11시부터 오후 1시 사이.
13) 오후 1시부터 오후 3시 사이.

달아날 것이니, 이때 뒤에 남은 군대가 한강의 나루터를 덮친다면 단번에 적군을 소탕할 수 있을 것입니다"라고 했다.

왕필적은 감탄하여 손뼉을 치면서 참으로 기묘한 전략이라 칭찬하고는, 정탐군 36명을 뽑아 충청도 의병장 이산겸의 군진으로 달려가서 적군의 형세를 살피게 했다. 당시 적군의 정예부대는 모두 한양에 있었고, 후방에 진을 치고 있는 적병들은 모두 기진맥진하고 쇠약한 군사들뿐이었다. 정찰병이 기뻐 날뛰며 돌아와 보고하기를 "우리 군사는 1만 명까지도 필요가 없으며, 2~3천 명이면 격파할 수 있습니다"라고 했다.

그러나 이 제독은 명나라 북방 출신의 장수라서 이번 전쟁에서 명나라의 남방 군사를 매우 견제해왔으므로, 남군들이 공을 세우는 것을 꺼려해 이 작전을 허락하지 않았다.

군량미 중 남은 곡식을 내어서 굶주린 백성을 구제하도록 임금께 아뢰었더니 허락하셨다.

당시는 적군이 한양을 점거한 지 벌써 2년이나 되었으므로, 그들의 칼날과 불길의 피해 때문에 천 리가 쓸쓸했고 백성들은 농사를 짓지 못하여 굶어 죽어가고 있었다. 성안에 살아남은 백성들은 내가 동파에 있다는 말을 듣고, 서로 붙들고 이끌며 짐을 이고 지고 찾아왔는데, 동파에 이른 자는 그 수를 헤아릴 수가 없었다. 사 총병(사대수)이 마산역[14]으로 가는 길가에서 어린애가 기어가서 죽은 어미의 젖을 빨고 있는 것을 보고 불쌍히 여겨 이를 거두어 군중에서 길렀다. 그가 나에게 말하기를 "왜적은 아직 물러가지도 않았는데 백성들은 이렇게 비참한 꼴이니 장차 어떻게 하겠습니까?"라고 말하고는 "하늘도 근심하고 땅도 슬퍼하겠구나!"라며 길게 탄식했다. 나는 이 말을 듣고 나도 모르게 눈물을 흘렸다.

당시 남쪽 지방에서 군량을 실은 배는 모두 줄 지어 강기슭에 정박하고 있었는데, 명나라 대군이 곧 다시 도착한다고 하여 그 곡식은 감히 딴 데 쓸 수가 없었다. 마침 전라도 소모관[15] 안민학이 겉껍질을 벗겨 내지 않은 곡식 1천 석을 거두어 배에 싣고 왔으므로 나는 매우 기뻤다. 곧바로 임금께 글을 올려 이 곡식을 굶주린 백성들에게 나누어 먹이도록 청했고, 전 군수 남궁제를 감진관[16]으로 임명하고 솔잎으로 가루를 만들어 백성 한 사람에 솔잎 가루 10푼과 쌀가루 1홉씩을 나누어 주고 그것들을 섞어 물에 타서 마시게 했다. 그러나 사람은 많고 곡식은 적어서 살아남은 사람은 얼마 되지 못했다. 명나라 장수들도 불쌍히 여겨 자신들이 먹을 군량 30석을 덜어 백성들에게 나누어

---

14) 파주 서쪽 5리 지점에 있던 역.
15) 조선 왕조 때 의병을 모집하던 임시 벼슬.
16) 굶주리는 백성을 구제하는 일을 감독하는 임시 벼슬.

주었으나, 필요한 양의 백분의 일에도 미치지 못했다.

그러던 어느 밤 큰 비가 내렸고 굶주린 백성들이 나의 숙사 옆에 모여 슬픈 신음 소리를 내고 있어 차마 들을 수가 없었다. 그 이튿날 아침에 일어나 보니 여기저기 흩어져 죽은 사람이 매우 많았다.

경상우도 감사 김성일도 전 전적 이로를 보내어 위급한 사정을 나에게 알리기를 "전라좌도의 곡식을 내어 굶주린 백성들에게 나누어 먹이고, 또 봄에 뿌릴 종자로 쓰고자 하나 전라도사 최철견이 곡식을 주려고 하지를 않습니다"라고 했다.

그때 지사 김찬이 체찰부사로서 충청도에 있었으므로, 나는 곧바로 김찬에게 공문을 보내 빨리 전라도로 달려 내려가서 남원 등지의 창고를 직접 열어 곡식 1만 석을 영남으로 운반하여 백성들을 구제하도록 지시했다. 당시 한양에서부터 남쪽 변방에 이르기까지 적병이 가로질러 꿰뚫고 있어, 때가 바로 4월인데도 백성들은 모두 산골짜기에 숨어 있느라 어느 한 곳도 보리를 심은 데라고는 없었다. 적군이 몇 달만 더 버티고 물러가지 않았더라면 우리나라 백성들은 다 죽었을 것이다.

유격장군 심유경이 다시 한양에 들어가서 적에게 물러나도록 권유했다.

4월 7일 제독 이여송이 부대를 이끌고 평양에서 개성으로 돌아왔다. 이보다 앞서 김천일의 부대에 이신충이라는 사람이 있었는데, 자청하여 한양에 들어가서 적군의 동정을 탐지하고 오겠다고 했다. 그는 한양에서 두 왕자와 장계군 황정욱 등을 만나보고 돌아와 말하기를 "적군은 강화할 의사가 있습니다"라고 보고했다. 그 뒤 얼마 지나지 않아 왜적이 용산에 있는 우리 수군 부대에 편지를 보내 화친하기를 청했다. 김천일은 그 편지를 나에게 보냈다. 나는 제독은 이미 싸우려는 의사가 없으나, 혹시 이 기회를 틈타서 적군을 물리치고자 한다면 제독은 다시 개성으로 돌아오지 않을 수 없을 테고, 그렇게 되면 일을 끝낼 수도 있을 것이라 생각하여, 편지를 써서 사대수에게 보였다.

사대수는 곧바로 자신의 하인 이경을 시켜 평양으로 달려가서 보고하도록 했고, 이에 제독은 다시 심유경을 보냈던 것이다. 김명원이 심유경을 보고 "적군이 평양에서 속은 것을 분하게 여겨 반드시 좋지 않은 생각을 가지고 있을 텐데, 다시 적진에 들어갈 수가 있겠습니까?"라고 묻자, 심유경은 "적군이 빨리 물러가지 않았기 때문에 패배한 것인데, 나와 무슨 상관이 있겠습니까?"라고 하고 다시 마침내 적군의 진중으로 들어갔다.

적군의 진중에서 심유경이 한 말은 비록 듣지는 못했으나, 아마도 '두 왕자와 왕자를 수행했던 신하들을 돌려보내고, 부산으로 물러가라'고 촉구하고, '그런 뒤에 강화를 허락하겠다'라고 했을 것이다. 그리고 적군은 이 제안을 받아들이겠다고 약속을 했을 것이다. 그리하여 제독은 마침내 개성으로 돌아온 것이라 생각했다. 나는 제독에게 글을 보내 "강화가 중요한 일이 아니라, 적군을 치는 일이 보다 우선되어야 합니다"라고 강하게 주장했다. 제독이 회보하기를 "내 생각으로도 그렇소. 적의 강화 요청을 들어줄 생각은 없소"라고 했다.

제독은 다시 유격장군 주홍모에게 적군의 진영으로 가도록 했는데, 나와 원수 김명원은 때마침 권율의 진중에 있다가 파주에서 주홍모를 만났다. 주홍모가 우리들에게 기패[17])에 절을 하라고 하므로, 내가 "이것은 왜적의 진영으로 들어가는 기패인데, 우리가 무엇 때문에 절해야 한단 말인가. 또 송 시랑[18])이 적병을 죽이지 말라고 한 패문도 있으니 더욱이 그 뜻을 받아들일 수가 없다"라고 항의했다. 주홍모가 세 번, 네 번 강요했으나 나는 아예 상대하여 듣지 않고 말을 타고 동파로 돌아왔다.

주홍모가 제독에게 사람을 보내어 이 사실을 보고하자, 제독은 크게 성내면서 "기패는 황제의 명령이니 비록 북쪽 오랑캐라도 이것을 보면 절을 하는 법인데, 어째서 절을 하지 않았단 말이냐. 내가 군법을 시행한 후에 군사를 돌이킬 것이다"라고

---

17) 제왕의 명령을 받는 전령사가 소지하는 깃발과 패지(지위가 높은 사람이 낮은 사람에게 명령하는 문서를 패지라고 함).
18) 당시 명나라의 병부우시랑인 송응창을 가리킴.

했다.

접반사 이덕형이 급히 나에게 알리기를 "내일 아침에 제독 있는 곳으로 가서 사과하지 않으면 안 되겠습니다"라고 했다.

이튿날 나는 김 원수와 함께 개성으로 가서 제독의 처소 문 앞에 나아가 이름을 말하고 제독을 만나겠다고 했으나, 제독은 성이 나서 만나주지를 않으므로, 김 원수는 그만 물러가자고 했 지만 나는 "제독이 우리를 시험해보는 것이니 잠시만 기다려 봅시다"라고 했다. 이때 부슬비가 내리고 있었는데, 우리 두 사 람은 문밖에서 두 손을 앞으로 모아 조심스러운 자세로 서 있 었다. 한참 있으려니 제독의 부하가 문밖으로 나와서 우리의 동 정을 엿보고 들어갔다. 그러기를 두 번이나 하고 나더니 조금 뒤에 들어오라고 했다. 제독은 마루 위에 서 있기에 나는 앞으 로 나아가서 예를 하고 이내 사과하기를 "소인들이 비록 매우 어리석지만 어찌 기패를 보면 예를 갖추어야 한다는 것을 모르 겠습니까? 다만 기패의 패문 그 속에 우리나라 사람은 적군을 죽이지 말라는 글이 있기에, 마음속으로 이것을 분하게 여겨 감 히 절하지 않은 것이니 그 죄를 면할 수가 없습니다"라고 했다. 제독은 부끄러운 기색을 나타내면서 "그 말은 지극히 옳은 말 이오. 그러나 패문은 곧 송 시랑의 명령이니 나와는 관계없는 일입니다"라고 하고는 계속해서 "요사이 지방에 근거 없는 소 문이 하도 많으니, 조선의 신하들이 기패에 예를 갖추지 않았는데도 내가 그것을 용서하고 문책하지 않았다는 사실을 듣는다면 송 시랑은 반드시 나까지도 아울러 책망할 것이니, 모름지기이 상황을 해명하는 문서를 만들어 오시오. 혹시 송 시랑이 문책해 오면 내가 이것으로 해명할 것이고, 문책하지 않으면 그냥 둘 것입니다"라고 했다.

우리 두 사람은 하직하고 그곳을 물러나와 제독의 말대로 문서를 만들어 보냈다. 그때부터 제독은 사람을 보내 잇따라 왜적의 진영을 왕래하게 했다.

하루는 내가 김 원수와 함께 제독에게 가서 문안드리고 동파로 돌아오는 길에 천수정 앞에 이르렀을 때 사대수의 하인 이경이 동파에서 개성으로 돌아오는 것을 만났다. 우리는 말 위에서 서로 가볍게 인사를 하고 지나갔는데, 초현리에 도착했을 때 뒤에서 말을 탄 명나라 사람 셋이 달려오면서 큰 소리로 묻기를 "체찰사는 어디에 계시오?"라고 묻기에, "내가 체찰사다"라고 했더니, 말머리를 되돌리라고 소리 지르고, 그중 한 사람이 손에 쥔 쇠사슬을 길게 휘둘러 내가 탄 말을 마구 후려치면서 "빨리 달려라, 달려!" 하며 몰았다. 나는 무슨 영문인지 알지도 못하고 일단 말을 되돌려 개성을 향하여 달렸는데, 그 사람은 내가 탄 말 뒤를 바싹 따라오며 채찍질하기를 멈추지 않아 수행하던 사람들은 모두 뒤처지고, 군관 김제와 종사관 신경진만이 있는 힘을 다해서 따라왔다.

개성 동쪽의 청교역을 지나 토성 모퉁이에 이르렀을 때, 또한 사람이 개성 성안에서 말을 타고 달려 나와 세 사람을 보고 무엇인가 수군거리니 그제야 그들은 나에게 읍례하고는 "이제는 가서도 좋습니다"라고 했다. 나는 어리둥절하여 어찌된 영문인지 모르고 돌아왔다.

이튿날 이덕형의 통지를 받고 그제야 다음과 같은 까닭을 알게 되었다. 제독이 신임하는 하인이 밖에서 들어와 제독에게 "류 체찰사는 강화하는 것을 원하지 않기 때문에 임진강의 배를 모두 거두어 사자가 왜적의 진영으로 드나들지도 못하도록 했습니다"라고 보고했고, 이에 제독은 갑자기 화를 내면서 생각할 겨를도 없이 나를 잡아다 곤장 40대를 때리려고 했던 것이다. 내가 미처 도착하지 않은 사이에 제독은 성이 나서 눈을 부릅뜨고 팔을 휘두르며 앉았다 섰다 하자 어찌할 바를 몰라하여 측근에 있는 사람들은 모두 두려움에 벌벌 떨고 있었다. 한참 뒤에 이경이 도착하자 제독은 대뜸 "임진강에 배가 있더냐?"라고 물었고, 이경은 "배가 여러 있어서 강을 왕래하는 데에는 아무런 지장이 없었습니다"라고 대답했다. 이 대답을 들은 제독은 곧바로 사람을 시켜 나를 쫓아간 사람들을 멈추게 하고, 그 하인에게는 거짓말을 했다 하여 곤장 수백 대를 쳐서 기절한 후에야 끌어냈다. 제독은 나에게 화낸 것을 뉘우치면서 사람들에게 "만약 체찰사가 여기까지 왔더라면 내가 어떻게 처신해야 했겠는가?"라고 말했다고 한다.

제독은 항상 내가 강화에 찬성하지 않는다 하여 평소부터 불만스러운 마음을 가졌기 때문에 다른 사람의 말을 듣자마자 살펴보지도 않고 이렇듯 갑자기 화를 낸 것이었다. 사람들은 모두 나를 위태롭게 여겼다.

그 후 며칠 만에 제독은 또 유격장군 척금과 전세정 두 사람을 시켜 기패를 가지고 동파로 와서 나와 김 원수, 관찰사 이정형을 함께 불러서 자리를 같이하고 조용히 말하기를 "적군이 왕자와 신하들을 돌려보내고 한양에서 물러가기를 청하고 있으니, 지금은 그들의 요청을 들어주고, 적군을 속여 성 밖으로 나오게 한 후에 계책을 세워 뒤쫓아 가서 섬멸하는 것이 좋겠습니다"라고 했다.

이것은 제독이 그들을 시켜 나의 의사가 어떠한지를 탐색하자는 것이었다. 나는 아직도 그 전의 주장을 고집하고 있었기 때문에, 밀고 당기기를 계속했다. 전세정은 성질이 조급하여 화를 내면서 크게 소리치며 말하기를 "그렇다면 당신들의 국왕은 무슨 까닭으로 한양을 버리고 도피했더란 말이오?"라고 했다.

나는 천천히 "한양을 옮겨 국가를 보전할 길을 도모하는 길을 찾는 것도 하나의 방도입니다"라고 말했다. 이때 척금은 다만 자주 나를 보며 전세정과 미소를 주고받을 뿐이고 말은 없었는데, 전세정 등은 결국 돌아갔다.

4월 19일, 제독이 대군을 거느리고 동파에 이르러 사 총병(사 대수)의 막사에 묵었다. 적군이 이미 물러나겠다고 약속했기 때 문에 장차 한양으로 들어가려는 것이었다. 나는 제독의 숙소에 나아가 문안 인사를 드리려고 했으나, 제독은 나를 만나주지도 않았다. 다만 통역관에게 이렇게 말하더라고 했다. "체찰사는 나를 좋지 않게 여기고 있을 텐데, 또 와서 안부를 묻는가?"

10장

진주성

4월 20일, 한양을 되찾았다.

명나라 군사가 성안으로 들어왔다. 적군은 하루 전날 성을 떠났다. 이 제독은 소공주의 저택(훗날 남별궁이라 일컬음)을 숙소로 정했다.

나도 명나라 군사를 따라 성안으로 들어갔다. 성안에 남아 있는 백성을 보니 백 명 중에 한 명이 겨우 살아남은 정도였고, 살아남은 사람도 모두 굶주리고 병들어 얼굴빛이 귀신과 같았다. 날씨는 매우 더웠는데 성안은 죽은 사람과 말의 시체가 곳곳에 그대로 드러나 있어 썩은 냄새와 더러움으로 가득 찼기 때문에 사람들은 코를 막고 지나갔다.

관청과 민간의 집들은 모두 없어지고, 다만 숭례문에서 동편으로 남산 밑 부근을 따라 늘어서 있는 일대에만 적군이 거처하던 집이 조금 남아 있을 뿐이었다. 종묘와 세 대궐(경복궁·창덕궁·창경궁)과 종루, 각 관청, 성균관과 사학[1] 등 큰 거리[2]의 북쪽에 있던 것은 모두 없어지고 불타고 재만 남았을 뿐인데, 소공주의 저택은 적의 장수 다이라 히데이에가 거처했기 때문에 남아 있게 된 것이다.

나는 먼저 종묘에 나아가 통곡하고, 그다음 제독의 처소로 가서 그에게 문안드리러 온 여러 신하들과 만나 한참 동안 소리 내어 통곡했다.

이튿날 아침에 다시 제독에게 나아가 안부를 묻고 "적병이 방금 물러갔으니 분명히 이곳에서 멀리 가지는 못했을 것입니다. 원컨대 군사를 출동시켜 급히 추격하도록 하십시오"라고 말하자, 제독도 "나의 생각도 진실로 그러하나, 한강에 배가 없기 때문에 급히 추격하지 못하는 것입니다"라고 했다. 내가 "만약 대인께서 적군을 추격하고자 하신다면 제가 먼저 강가에 나가서 배를 정비하도록 하겠습니다"라고 하자, 제독은 "매우 좋습니다"라고 했다. 그래서 나는 한강으로 나갔다.

---

1) 조선 시대에, 나라에서 인재를 기르기 위해 한양의 네 곳에 세운 교육 기관. 위치에 따라 중학·동학·남학·서학이 있었음.
2) 현재의 종로 가도를 가리킴.

이보다 앞서 나는 경기 우감사 성영과 수사 이빈에게 공문을 보내어, 적군이 가고 난 후에 강 가운데 있는 크고 작은 배를 급히 거두어 모두 한강으로 모이게 했다. 그래서 이때에 배가 도착한 것이 80척이나 되었다. 내가 사람을 시켜 제독에게 배가 벌써 준비되었다고 보고했더니, 잠시 후에 영장 이여백이 군사 1만여 명을 거느리고 강가로 나왔다. 그런데 군사들이 반쯤 건너자 날이 벌써 저물었다. 그런데 이여백은 갑자기 발병이 났다고 핑계하고는 "성안으로 돌아가 병을 고치고 나서 진격해야겠다"라고 하면서 가마를 타고 돌아갔다. 그러자 이미 강을 건너온 군사들도 모두 도로 강을 건너서 성안으로 들어갔다. 나는 마음속으로 몹시 분했으나 어찌할 수가 없었다.

제독은 속으로는 적군을 추격할 의사가 없었기 때문에 거짓말로 나를 속여 승낙했을 뿐이었다.

23일, 나는 마침내 병이 나서 자리에 눕게 되었다.

5월, 제독 이여송은 적병을 추격하여 문경까지 갔으나 되돌아왔다. 시랑 송응창이 비로소 제독에게 공문을 보내 적군을 추격하도록 했기 때문이다. 하지만 이때는 이미 적군이 한양을 떠나간 지 수십 일이 지난 때였다. 송 시랑은 사람들이 자신이 적군을 놓아 보내고 추격하지 않았다고 비난받을까 봐 겁이 나서 이와 같은 행동을 일부러 꾸며 보인 것이고, 실상은 적군을 두려워해서 감히 진격도 못하고 되돌아온 것이다.

적군은 아주 천천히 후퇴했다. 쉬엄쉬엄 느리게 떠나갔는데, 연도에 있던 우리 군사들은 모두 길의 좌우에 자취를 감추어 숨었고 감히 나와서 싸우려는 자가 없었다.

적군은 한양에서 물러가 남쪽 해안 지방에 주둔했다.

울산의 서생포에서부터 동래·김해·웅천·거제에 이르기까지 앞뒤로 서로 16개 부대가 잇따라 주둔하고 있었다. 그들은 모두 산을 의지하고 바다를 끼고서 성을 쌓고 참호를 파서 아

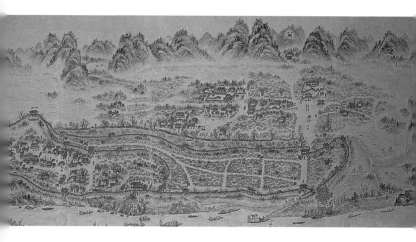

진주성도

주 오래 머물러 있을 계획을 세웠으며, 쉽게 바다를 건너갈 기색을 보이지 않았다.

명나라 조정에서는 또 사천 총병 유정이 복건·서측·남만 등지에서 모집한 군사 5천 명을 거느리고 진출하여 성주의 팔거에 주둔하도록 했다. 남방 장수 오유충은 선산의 봉계에 주둔하도록 하고, 이령·조승훈·갈봉하는 거창에 주둔하도록 하고, 낙상지·왕필적은 경주에 주둔하도록 해서 적을 사면으로 에워쌌으나, 서로 버티기만 하고 진격하지는 않았다.

이들의 군량을 충청도·전라도에서 공급하게 되었는데, 험준한 길을 지나 여러 흩어져 있는 여러 진영에 나누어 주게 되니 백성들의 힘은 더욱 곤궁할 따름이었다.

제독은 다시 심유경을 왜적의 진영에 보내 그들이 바다를 건너 본국에 가도록 타이르게 하고, 또 서일관과 사용재를 일본의 나고야에 파견해 관백 도요토미 히데요시를 만나도록 했다.

6월에 비로소 적군은 두 왕자 임해군·순화군과 재신 황정욱·황혁 등을 돌려보내면서 심유경을 우리 측에 보내 보고하도록 했다. 그런 한편 적들은 나아가 진주로 진격하여 성을 포위하고 작년에 패전한 원수를 갚는다는 말을 퍼뜨렸는데, 이것은 1592년에 적군이 진주를 포위했을 당시 목사 김시민이 완강하게 잘 방어해서 적군이 이기지 못하고 물러갔기 때문에 한 말이다.

진주성을 포위한 지 8일 만에 성은 완전히 함락되었다.

목사 서예원, 판관 성수경, 창의사 김천일, 본도(경상도) 병사 최경회, 충청 병사 황진, 의병 복수장 고종후 등이 모두 전사했다. 또 군사와 백성 중에 죽은 사람이 6만여 명이나 되었으며, 심지어 소·말·닭·개까지도 살아남은 것이 없을 정도였다. 적군은 성을 남김없이 무너뜨리고 참호와 우물을 메우고 나무를 베어 없애서 지난해 패전의 분풀이를 마음껏 했는데, 때는 1593년 6월 28일이었다.

처음에 조정에서는 적군이 남쪽으로 내려간다는 말을 듣고 잇따라 교지를 내려 여러 장수들을 독려하여 적군을 추격하도록 했는데, 도원수 김명원과 순찰사 권율 이하의 관군·의병들이 모두 의령에 모였다. 권율은 행주대첩으로 지나치게 자신감을 가지고 있는 터라 당장 기강[3]을 건너 전진하고자 했으나, 곽재우와 고언백이 "적군의 형세가 한창 올라가고 있는데 우리 군사는 오합지졸이 많아서 싸울 만한 사람은 적을 뿐만 아니라, 앞길에는 군량도 없으니 경솔히 전진해서는 안 됩니다"라고 했다.

다른 사람들은 그저 망설일 따름이었다. 이빈의 종사관 성호선은 어리석어 사리 판단도 하지 못하면서 팔을 휘두르며 여러

---

3) 남강의 하류로 낙동강과 합류하기 전 의령 동쪽을 흐르는 강.

장수들이 머뭇거린다고 책망했는데, 권율과 의논이 맞아 마침내 기강을 건너 함안에 이르렀다. 그러나 성안에 아무것도 없어서 여러 군사들은 먹을 것이 결핍되어 풋감을 따서 먹는 지경에 이르렀고 다시 싸울 마음이 없어졌다. 이튿날 첩자가 적군이 김해에서 크게 몰려온다고 보고했다. 여러 사람들은 함안을 지켜야 한다 하고, 혹은 물러가서 정암진을 지켜야 한다 하면서 부산하게 결정을 짓지 못하고 있었다. 이러는 동안에 적군의 화포 소리가 들려오자 사람들은 매우 술렁거리고 두려워하여 서로 앞을 다투어 성 밖으로 달려 나가다가 줄다리에서 떨어져 죽었고 그 수가 꽤 많았다. 정암진을 도로 건너와서 바라보니 적군이 수로와 육로 두 길로 오는데, 들판을 덮고 냇물을 꽉 메울 정도였다. 여러 장수들은 제각기 흩어져 갔는데 권율·김명원·이빈·최원 등은 먼저 전라도로 향해 갔고, 김천일·최경회·황진 등만이 진주로 들어갔다. 적군은 이들을 뒤따라와서 성을 포위했다.

목사 서예원과 판관 성수경은 명나라 장군의 지대 차사[4] 원으로 오랫동안 상주에 머물러 있다가, 적군이 진주로 향했다는 소식을 듣고 허둥지둥 돌아왔다. 그것이 적이 성을 포위하기 겨우 이틀 전이었다.

---

4) 공사에 복무하는 높은 벼슬아치의 먹을 것과 쓸 물건을 이바지하는 임무를 위해 중앙에서 파견하는 임시 직원.

촉석루

임진왜란 때 총지휘는 물론 남쪽 지휘대로도 사용해 남장대라고도 했다.

진주성은 본래 사방이 험준한 곳에 웅거해 있었는데, 1592년에 동쪽 평지로 옮겼다. 그래서 적군은 비루[5] 여덟 개를 세워그 위에서 성안을 내려다 볼 수 있었다. 적은 성 밖의 대나무를 베어다가 큰 묶음을 만들어 둘러 세워 비루를 죽 둘러막았다. 그리하여 이쪽의 화살과 돌을 막으면서 그 안에서 조총을 빗발처럼 쏘아대니 성안 사람들은 감히 머리를 내놓지도 못했다. 게다가 김천일이 거느린 군사는 모두 한양의 시장에서 모집한 무리들이고, 또한 김천일 자신은 전쟁에 관한 일은 알지도 못하면

---

5) 매우 높은 곳에 세운 누각.

서 고집이 지나쳤으며, 더구나 서예원을 평소부터 미워하여 주인과 객이 서로 시기하게 되어 서로 다른 호령을 내렸다. 이러한 이유 때문에 더 크게 패전한 것이다.

오직 황진만이 동쪽 성을 지키고 싸운 지 며칠 만에 총탄에 맞아 죽었다. 군인들의 기운은 꺾였으며 구원병은 오지 않았다. 때마침 비가 내려 성의 한 모퉁이가 무너지자 적병이 개미 떼처럼 성에 붙어서 들어왔고, 성안 사람들은 가시나무를 묶고 돌을 던져 힘껏 막아 적병을 거의 물러가게 했다.

그런데 이때 김천일의 군사가 북쪽 문을 지키다가 성이 이미 함락되었다고 지레 짐작하고 가장 먼저 무너졌다. 적군은 산 위에 있다가 우리 군사들이 무너지는 것을 바라보고는 일제히 몰려와서 성에 기어오르자, 우리 군사들은 큰 혼란에 빠지고 말았다.

김천일은 촉석루에 있다가 최경회와 함께 손을 잡고 통곡하다가 남강에 몸을 던져 죽었으며, 군사와 백성 중에 살아서 빠져나온 사람은 몇몇 뿐이었다. 왜적의 변고가 생긴 이후로 사람이 죽은 것이 이 싸움처럼 많은 경우는 없었다.

조정에서는 김천일이 의를 위해 죽었다고 해서 종1품에 의정부 우찬성의 높은 관직을 증직했고, 또 권율은 용감히 싸우고 적군을 두려워하지 않았다 하여 김명원을 대신해서 원수로 임명했다.

총병 유정은 진주가 함락되었다는 소식을 듣고 팔거에서 합천으로 달려왔고, 오유충은 봉계에서 초계로 가서 경상우도를 지켰다. 적군도 진주를 함락한 뒤 부산으로 돌아가서 "명나라 조정에서 강화를 허락하는 것을 기다렸다가 바다를 건너갈 것이다"라고 소문을 퍼뜨렸다.

11장

정유재란 발발

1593년 10월에 임금께서 한양으로 돌아오셨다. 12월에 명나라 사신 행인사[1]의 행인인 사헌이 우리나라에 왔다.

이보다 앞서 심유경은 왜적의 장수 고니시 히다노카미와 함께 관백 도요토미 히데요시가 항복하겠다는 표문을 가지고 명나라로 돌아갔는데, 명나라 조정에서는 이 표문이 관백에게서 나온 것이 아니고 고니시 유키나가 등이 거짓으로 만든 것이라 의심했다. 더구나 심유경이 돌아온 뒤 진주가 함락당하자 강화하려는 의사가 진실이 아니라 하여 고니시 히다노카미를 요동

---

1) 외국과의 사신 왕래를 관장했던 관청.

에 머물러 있도록 하고 오랫동안 왜적에게 회답을 보내지지 않았다.

이때 제독 이여송과 여러 장수들은 모두 본국으로 돌아가고, 다만 유정·왕필적 등이 군사 1만여 명을 거느리고 팔거에 주둔해 있었다.

한양과 지방의 백성들이 몹시 굶주렸고 또 군량을 운반하는 데 지쳐서 늙은이와 어린이는 도랑과 골짜기에 쓰러져 있었으며, 건장한 사람은 도적이 되었고 전염병까지 겹쳐서 백성들이 거의 다 죽어가는 판국이었다. 심지어 부자와 부부가 서로 잡아먹었는데, 해골만 곳곳에 잡초처럼 드러나 있었다.

얼마 후에 유정의 군사가 팔거에서 남원으로 옮기더니 또다시 남원에서 한양으로 돌아와 10여 일 동안 머물러 머뭇거리다가 서쪽 명나라로 돌아갔는데, 왜적이 아직 바닷가에 있어서 사람들은 더욱 두려움에 떨었다.

이때 경략 송응창은 탄핵을 받아 돌아가고, 새로 경략으로 임명된 고양겸이 대신 요동에 도착하여 참장 호택을 보내 공문을 가지고 가게 해서 우리나라 군신들을 타일렀는데, 내용은 대략 이러했다.

"왜놈들이 아무 까닭도 없이 너희 나라를 침략하여, 칼로 대나무를 쪼개는 형세로 한양·개성·평양 세 도시를 점령하고 너희 토지와 백성 중 10분의 8~9할을 차지했으며, 너희 나라의 왕자와 신하들을 사로잡았다. 이에 황제께서 크게 노하시어 군대를 일으켜 한 번 싸워 평양을 빼앗고 두 번 싸워 개성을 탈환하자 왜적은 마침내 한양에서 달아났고 사로잡은 왕자와 신하들을 돌려보냈으며, 국토 2천 리의 땅을 돌려주었다. 우리가 소비한 비용도 헤아릴 수 없이 많으며, 군사와 말이 죽은 것 또한 적지 않다. 우리 조정에서 속국인 조선을 대접한 은혜와 의리가 이와 같으니 황제 폐하의 망극한 은혜가 또한 이미 과분한 것이다.

이제는 군량도 더 이상 운반할 수 없으며 군대도 다시 출동시킬 수가 없게 되었다. 그런 데다 왜적 또한 우리의 위세를 두려워하여 항복하기를 청하고 또 제후로 봉해주고, 세공을 바치게 해주기를 빌고 있다. 조정에서도 왜적을 제후로 봉하고 공물을 바치도록 허락해 주고, 그들을 용납하여 외신으로 두고자 하는 것이 참으로 마땅할 것이다. 그리하여 왜적들을 몰아내어 모두 바다를 건너가게 하여 다시는 너희 나라를 침략하지 못하게 할 것이며, 전쟁을 그만 끝내려고 한다. 이것은 너희 나라를 길이 편하게 하는 장구한 계획이 될 것이다. 지금 너희 나라는 양식이 다 떨어져 백성이 서로 잡아먹고 있는데, 또한 무엇을 믿고 우리에게 구원병을 청하는가? 너희 나라에서 군량도 주지 않고, 왜적에게 제후 책봉과 공물 바치는 것도 거절한다면 왜적은 기어코 너희 나라에 분노를 품어 악행을 저지를 것이니, 그렇게 되면 조선은 반드시 망하고 말 것이다. 어째서 일찍이 너희 스스로를 위한 계책을 세우지 않는가?

옛날 중국 춘추시대에 월나라 왕 구천이 회계산에서 오나라에 패전하여 곤욕을 당할 때 어찌 오나라 부차의 살을 씹어 먹고 싶지 않았겠는가마는, 그가 잠시 그 부끄러움을 참고 견딘 것은 후일에 언젠가 반드시 복수하겠다는 각오가 되어 있었기 때문이다. 그래서 그 자신은 부차의 신하가 되고 그의 아내는 부차의 첩이 되었었다. 하물며 지금은 왜놈들이 스스로 명나라의 신하가 되기를 청하고 있으니 훨씬 유리한 상황이 아니겠는가? 너희는 스스로 마음의 여유를 가지고 천천히 후일을 계획한다면 그것은 구천과 그의 신하들의 계책보다 나은 것이다. 만약 참지 못한다면 그것은 화를 내는 조급하고 속 좁은 졸장부의 식견일 따름이고 원수를 갚고 수치를 씻는 영웅의 처신은 아니다. 너희가 왜적을 위해 제후로 봉하고 해마다 공물을 바칠 수 있도록 요청해 만약 조정에서 그 청을 허락해준다면, 왜적은 반드시 처사에 더욱 감동할 것이고 조선에게도 고마운 마음을 가져서 기필코 군사를 거두어 돌아갈 것이다. 왜적이 돌아간 다음에 너희 나라의 왕과 신하들이 애를 쓰고 속을 태우며 와신상담[2]하여 구천이 하던 일을 이행한다면, 천운이 돌아와서 왜적에게 원수를 갚을 날이 오지 않겠는가?"

그 말은 매우 상세하게 천 마디, 백 마디로 이어져 있었으나 말의 내용은 대략 이와 같았다. 그러나 호택이 객관에 있은 지 3개월이 넘었으나, 조정의 의론은 결정을 보지 못했고 임금의 생각도 이것을 더욱 어렵게 여기셨다.

나는 이때 병으로 휴가 중이었지만 글을 올려 내 생각을 아뢰었다.

"왜적을 위해 제후로 봉해 주도록 명나라에 요청한다는 것은 도리에도 진실로 옳지 못하오니, 마땅히 최근의 사정을 상세히 기록하여 명나라에 알려서 명나라 조정의 결정에 따르는 것이 타당할 것입니다."

이러한 내용으로 여러 번 글을 올려 아뢰자 그제야 임금께서는 허락하셨다.

이리하여 진주사[3] 허욱이 명나라로 떠났다. 당시 고 경략 고양겸은 남이 비난하는 말 때문에 사임해 떠나가고, 새로 경략에 임명된 손광이 와서 고양겸을 대신했다.

명나라 병부에서는 황제에게 아뢰어 고니시 히다노카미를 북경으로 들어오게 한 뒤 "첫째 제후를 봉하는 일만 요구하고

---

2) 불편한 섶에 몸을 눕히고 쓸개를 맛본다는 뜻으로, 원수를 갚거나 마음먹은 일을 이루기 위해 온갖 어려움과 괴로움을 참고 견딤을 비유적으로 이르는 말. 《사기》의 〈월세가(越世家)〉와 《십략》 등에 나오는 이야기로, 중국 춘추 시대 오나라의 왕 부차가 아버지의 원수를 갚기 위해 장작더미 위에서 잠을 자며 월나라의 왕 구천에게 복수할 것을 맹세했고, 그에게 패배한 월나라의 왕 구천이 쓸개를 핥으면서 복수를 다짐한 데서 유래함.
3) 임시로 보고할 일이 있을 경우 명나라에 보내는 사신.

조공을 바치게 해달라는 요구는 하지 말 것, 둘째 왜병은 한 사람도 부산에 머물지 말 것, 셋째 앞으로 영원히 조선을 침범하지 말 것. 이 세 가지 약속을 지킨다면 곧바로 제후로 책봉할 것이고, 약속대로 하지 않으면 허락할 수 없다"라고 했고, 고니시 히다노카미는 하늘을 가리키며 맹세하고 약속을 지키겠다고 했다.

이리하여 심유경에게 다시 고니시 히다노카미를 데리고 왜적의 진영으로 들어가 황제의 뜻을 널리 알리게 했다. 아울러 이종성과 양방형을 각각 상사와 부사로 임명하여 왜국에 가서 도요토미 히데요시를 일본 국왕으로 봉하도록 하되, 이종성 등의 일행은 우리나라 한양에 머물러 있다가 왜적이 남김없이 철수한 뒤에 일본으로 떠나도록 했다.

1595년(을미년, 선조 28년) 4월에 이종성 등이 한양에 도착해 사자를 보내서 왜적에게 빨리 바다를 건너가도록 재촉했는데, 이러한 사명을 띤 사자의 왕래가 끊어지지 않았다. 이에 왜적은 먼저 웅천의 몇 진과 거제·장문포·소진포 등의 여러 진에 있던 군사를 거두어 얼마간 신의를 보이고는 "평양에서와 같이 속아 넘어갈까 염려되오니, 원컨대 명나라 사신이 빨리 우리 군영으로 들어온다면 마땅히 모든 것을 약속대로 하겠습니다"라고 했다.

8월에 부사 양방형이 병부의 공문에 의거하여 먼저 부산에 이르렀으나, 왜병은 시일을 끌며 전원이 철수하지 않으면서 다시 상사가 오기를 청했고 사람들은 왜적의 행동을 매우 의심했다.

병부상서 석성은 심유경의 말만 믿고 왜적에게 딴 생각은 없다고 여기고서, 왜적을 물러나게 하는 것이 급선무라고 여겨 서둘러 재촉하여 여러 번 상사 이종성을 앞서가게 독촉했다. 명나라 조정의 의론은 다른 의견도 많았으나, 석성은 분연히 자신의 책임 아래 일을 진행시켰다.

9월에 이종성이 양방형의 뒤를 이어 부산에 이르렀으나 고니시 유키나가는 곧 와서 만나려고 하지도 않고 "장차 관백에게 가서 보고하고 그의 결정을 얻은 연후에야 명나라의 사신을 맞이하겠다"라고 했다.

고니시 유키나가는 일본으로 들어갔다가 이듬해인 1596년(병신년, 선조 29년) 정월에야 겨우 돌아왔다. 돌아와서도 그는 여전히 군대를 철수하는 일은 분명하게 말하지 않았다. 그래서 심유경은 두 사신을 머물러 있게 하고, 혼자만 고니시 유키나가와 함께 먼저 바다를 건너 일본으로 가면서 장차 명나라 사신을 영접하는 예절을 의논하여 확정하러 가는 길이라고 핑계를 대었는데, 사람들은 그 내막을 추측할 수 없었다. 심유경은 비단옷을 입고 배에 오르고서 깃발에는 "조집양국(두 나라를 화해시켜 전쟁을 그치게 한다)"이라는 네 글자를 크게 써서 뱃머리에 세우고 떠나갔는데, 가고 난 후에도 오랫동안 아무런 소식이 없었다.

이종성은 개국공신 이 문충공의 후손이며 조상이 세운 공으로 작위를 이어받은 부귀한 집안의 자제인데 성질은 자못 겁이 많았다. 이때 어느 사람이 이종성에게 "왜의 추장, 도요토미 히데요시는 실상은 제후로 책봉 받을 의사는 없으며 장차 이종성 등을 유인하여 가두어 욕을 보이려 하는 것이다"라고 하자, 이종성은 매우 두려워하여 밤중에 평복 차림으로 변장하고 왜적의 진영을 탈출해 종복과 말이나 소로 싣고 왔던 짐과 사신의 신분을 증명하는 인장과 깃발 등을 모두 버린 채 도망갔다. 왜적은 이튿날 아침에야 이를 알고 길을 나누어 이종성을 뒤쫓아 양산에 있는 돌다리에까지 이르렀으나 찾지 못하고 돌아갔다. 양방형은 혼자 왜적의 진영에 남아 있으면서 여러 왜인들을 무마시키고, 또 한편으로 우리나라에 글을 보내 놀라 동요하지 말도록 당부했다. 이종성은 감히 큰 길로는 가지 못하고 산골짜기 속으로 도주해 들어가 여러 날 동안 아무것도 먹지도 못한 채 경주를 거쳐 명나라로 갔다.

얼마 후에 심유경과 고니시 유키나가가 비로소 돌아왔다. 그리고 서생포·죽도 등지의 주둔해 있던 왜군을 철수시켰다. 아직도 철수하지 않은 곳은 부산의 네 진영뿐이었다. 그래서 심유경은 이에 양 부사 양방형를 데리고 바다를 건너 일본으로 가게 되었는데, 그는 우리 사신도 함께 가도록 요구하여 자신의 조카 심무시를 보내 출발하도록 재촉했다. 우리 조정에서는 좋아하지 않았으나, 심무시가 반드시 같이 가도록 요구하여 마지못해 무신 이봉춘 등을 보내기로 했다. 그런데 어떤 사람이 "무인이 그곳에 가면 실수가 많을 테니, 마땅히 문관이면서 사리를 아는 사람을 보내야 되겠습니다"라고 하자, 전에 심유경의 접반사로서 왜의 진영에 가 있었던 황신에게 심유경을 수행케 했다.

명나라 사신 양방형과 심유경이 일본에서 돌아왔다.

양방형 등이 일본에 도착하자 관백은 관사를 성대하게 꾸미고 그들을 영접하고자 했는데, 마침 어느 날 밤에 지진이 크게 일어나 거의 집이 다 부서져 버려 다른 집에서 그들을 맞이했다. 관백은 두 사신과 한두 차례 만났는데, 처음에는 제후로 봉하는 것을 받을 듯하더니 갑자기 크게 노하여 말하기를 "내가 조선의 왕자를 풀어주었는데, 조선에서는 당연히 왕자를 보내서 사례해야 하는데도 직위가 낮은 사신을 보냈으니 이것은 우리를 업신여기는 것이다"라고 하므로 황신 등이 임금의 명령을 전하지도 못했는데, 양방형과 심유경 등까지 재촉해서 함께 돌아온 것이다. 또한 일본 측에서는 명나라 조정에 사은하는 예절조차 없었다.

적의 장수 고니시 유키나가는 부산포로 돌아왔고 가토 기요마사는 다시 군사를 거느리고 서생포에 계속해 주둔하면서 "왕자를 보내서 사례해야만 비로소 군사를 철수시킬 것이다"라고 공개적으로 말했다.

대체로 관백이 요구하는 것은 매우 과대하여 책봉과 조공 정도에 그치는 것이 아니었는데, 명나라 조정에서는 다만 책봉만을 허락하고 조공을 바치는 것은 허락하지 않았다. 그런데 심유경은 고니시 유키나가와 서로 친숙했기 때문에 일을 임시변통으로 꾸며 구차스럽게 성사시키려고 하여 명나라 조정이나 우리나라에 그 실정을 보고하지 않았으므로 결국 합의를 이루지 못했다.

우리나라에서는 명나라에 곧바로 사신을 보내 그 사실을 서둘러 아뢰었다. 이에 석성과 심유경은 모두 죄를 얻었고 명나라 군대가 다시 나오게 되었다.

12장

이순신의 투옥과 수군의 전멸

수군통제사 이순신을 옥에 가두었다.

처음에 원균은 이순신이 자신을 구한 것을 은덕으로 여겨 두 사람의 사이가 매우 좋았다. 그러나 시간이 지나 공을 차지하고자 했기 때문에 점점 사이가 멀어지게 되었다.

원균은 성품이 음흉하고 간사하며, 또 중앙과 지방의 많은 인사들을 연결해 이순신을 모함하는 데 있는 힘을 다했다. 그는 "이순신이 처음에 전투에 참여하지 않으려고 했는데 내가 굳이 청했기 때문에 왔으니, 승리한 데에는 나의 공이 가장 컸다"라고 했다.

이에 조정의 의견도 두 갈래로 나뉘었다. 처음에 이순신을 천

거한 사람은 나(류성룡)였으므로 나와 사이가 좋지 않은 사람들은 원균을 지지했다. 오직 우의정 이원익만은 사리가 그렇지 않은 점을 밝혔으며 또 "이순신과 원균이 맡은 지역이 다르니, 이순신이 처음에 곧바로 나아가 구하지 않은 것은 문제될 것이 없다"라고 했다.

그 무렵 적의 장수 고니시 유키나가는 수하인 요시라를 경상우병사 김응서의 진중에 자주 드나들도록 하며 가까이 지내고 있었다. 그때 가토 기요마사가 다시 공격해 온다는 소식이 전해졌다. 요시라는 은밀히 김응서에게 "우리의 장수 고니시 유키나가는 '이번 강화 문제가 이루어지지 못한 것은 가토 기요마사 때문이다. 나(고니시 유키나가) 역시 그를 없애고 싶다'라고 했습니다. 곧 가토 기요마사가 바다를 건너올 것입니다. 해전에 뛰어난 조선 군사들이 그를 공격한다면 반드시 승리할 수 있을 것입니다. 부디 이 기회를 놓치지 마십시오"라고 했다. 김응서가 그것을 조정에 아뢰자 조정에서는 그 말을 믿었다. 특히 해평군 윤근수는 기회를 놓쳐서는 안 된다고 여러 번 임금께 아뢰고 이순신에게 나가 싸우라고 재촉했다. 그러나 이순신은 적군의 속임수에 빠지는 것은 아닌지 깊이 고민했다.

이때 요시라가 다시 와서 "가토 기요마사가 벌써 상륙했습니다. 조선에서는 어째서 공격하지 않았습니까?"라고 하면서 거짓으로 후회하고 안타까워하는 시늉을 했다. 그 사실이 조정에 알려지자 모두 이순신에게 허물을 돌리고, 대간은 이순신을 잡아 엄중히 문책할 것을 청했다. 게다가 현풍 사람인 현감 박성은 상소를 올려 이순신을 참형에 처해야 한다고 주장했다. 결국 조정에서는 의금부 도사를 보내 이순신을 잡아오게 하고 그 대신 원균을 통제사로 임명했다.

임금께서는 그것이 모두 사실이 아닐 것이라고 의심해서 성균관 사성 남이신을 한산도로 보내 사실을 파악하도록 했다. 남이신이 전라도에 이르자 수많은 군사와 백성들이 길을 막고 이순신의 원통함을 호소했다. 그러나 남이신은 사실대로 보고하지 않고 "가토 기요마사가 섬에 7일이나 머물러 있었습니다. 만약 우리 군사가 공격했다면 그를 사로잡을 수 있었을 텐데 이순신이 머뭇거려 그만 기회를 놓쳐 버렸습니다"라고 했다.

이리하여 이순신이 옥에 갇혔다. 임금께서 대신들에게 명령하여 이순신의 죄를 의논하게 했는데 이때 유독 판중추부사[1] 정탁만은 "이순신은 뛰어난 장수이니 죽여서는 안 되며, 군사작전의 잘잘못과 성과는 먼 곳에서는 미루어 헤아릴 수가 없으니 그가 출동하지 않은 것은 반드시 무슨 생각이 있어서 그랬을 것입니다. 청컨대 너그럽게 용서하시어 뒷날에 공을 이루도록 하시옵소서"라고 했다.

---

1) 중추부의 종1품 벼슬.

교룡산성(전라북도 남원시 산곡동 소재, 전라북도 기념물 제9호, 문화재청)
교룡산의 천연 지세를 이용해 돌로 쌓은 산성이다.

    이리하여 조정에서는 이순신에게 한 차례 고문을 가한 후 사형을 감하고 관직을 삭탈한 채, 사졸로 군대에 편입하도록 했다.
    이순신의 늙은 어머니는 아산에 있었는데, 이순신이 옥에 갇혔다는 말을 듣고 근심하고 두려워한 끝에 결국 세상을 떠났다.

이순신이 옥에서 나와 전선으로 가는 길에 아산을 지나다가 겨우 성복[2]만 하고는, 곧 권율의 부대로 가서 종군하자 사람들이 그 소식을 듣고 슬퍼했다.

명나라 조정에서는 병부시랑 형개를 군문총독으로, 요동 포정사 양호를 조선 군무경리로, 마귀를 대장으로 삼았다. 양원·유정·동일원 등의 장수들이 군사를 거느리고 잇따라 우리나라로 왔다.

1597년(정유년, 선조 30년) 5월, 양원은 군사 3천 명을 거느리고 먼저 도착해 한양에 며칠 동안 머물다가 전라도로 내려가서 남원에 주둔했다. 남원은 전라도와 경상도의 요충지에 자리하여 성이 무척 견고했는데, 이것은 지난날에 낙상지가 성을 증축하고 잘 지켰기 때문이다. 성 밖에는 교룡산성이 있는데 사람들은 산성을 지키고자 했으나 양원은 본성本城을 지켜야 된다고 생각했다. 그래서 성첩을 새로 쌓고 호를 더 깊이 파고, 호 안에 다시 양마장[3]을 설치했는데, 밤낮으로 공사를 감시하며 독촉해 한 달 후에 공사를 겨우 마쳤다.

---

2) 상례의 한 절차로, 초상이 난 후 나흘 후에 처음으로 상복을 입는 일.
3) 성 밖에 작은 성을 쌓고 그 위에 다시 담을 세운 시설.

1597년 8월 7일에 한산도의 수군이 무참히 패배해 통제사 원균과 전라 우수사 이억기는 전사하고, 경상 우수사 배설은 달아나서 죽음을 면했다.

처음에 원균이 한산도에 부임하고 나서 이순신이 시행하던 여러 규정을 모두 변경하고, 모든 부하 장수들과 사졸 가운데서 이순신에게 신임을 받던 사람들을 모두 쫓아버렸다. 특히 이영남은 자신이 예전의 패전한 상황을 자세히 알고 있는 사람이므로 더욱 미워했다. 군사들은 마음속으로 원균의 이러한 처사에 대해 원망하고 분노했다.

이순신은 한산도에 있을 때 운주당運籌堂이라는 집을 짓고 밤낮으로 그 안에 거처하면서 여러 장수들과 전투와 전쟁에 관한 일을 말했다. 아무리 말단 사졸이라 하더라도 군대 내의 일에 대해서 하고 싶은 말이 있는 사람은 직접 찾아와 말하게 함으로써 부대 내에서 자유롭게 생각을 주고받을 수 있게 했다. 전투를 할 때마다 부하 장수들을 모두 불러서 계책을 묻고 작전 계획을 세운 후에 나가서 싸웠기 때문에 패배하는 일이 없었다.

그런데 원균은 자신이 사랑하는 첩과 함께 운주당에 거처하면서 당 둘레에 이중의 울타리를 치고 안팎을 막아버렸고 그 때문에 여러 장수들은 그의 얼굴을 보기가 힘들었다. 또 술을

즐겨서 날마다 주정을 부리고 화를 내며, 형벌 쓰는 일에 법도
가 없었다. 군중에서는 가만히 수군거리기를 "만일 적군을 만
나면 우리는 달아날 수밖에 없다"라고 했고, 여러 장수들도 서
로 원균을 비난하고 비웃으면서, 군사 일을 보고하거나 복정하
지 않았다. 그리하여 그의 명령과 지휘는 부하들에게 시행되지
않았다.

이때 적군이 다시 침략해 왔다. 고니시 유키나가는 다시 요시
라를 김응서에게 보내 속이기를 "왜선이 아무 날에 수를 늘려
더 올 것이니 조선의 수군은 이를 기다리고 있다가 도중에서
맞받아치면 좋을 것이다"라고 하자, 도원수 권율이 그 말을 가
장 깊이 믿었으며, 또한 전에 이순신이 주저하고 싸우지 않았다
가 죄를 얻었기 때문에 날마다 원균에게 나가 싸우도록 독촉했
다. 원균 자신도 또한 "이순신은 적군을 보고도 진격하지 않았
다"고 늘 말하여, 이 일로 이순신을 모함하고 자신이 통제사를
대신 맡았기 때문에, 이제 와서 그 형세가 어려운 줄은 알았으
나 부끄러워 핑계 삼을 말이 없으므로 다만 가진 함선들을 죄
다 거느리고 앞으로 나아갈 수밖에 없었다.

이때 언덕 위에 있던 왜적의 진영에서는 우리 배가 지나가는
것을 내려다보고는 각 진영에 서식을 전달했다.

원균이 이끄는 배의 무리가 절영도에 이르자 바람이 일고 물

결이 일어났는데, 날은 벌써 저물었으며 배를 정박시킬 만한 곳이 없었다. 바라보니 왜적의 배가 바다 가운데서 나타났다 숨었다 하므로, 원균은 여러 군사들을 독려하여 앞으로 나아갔다. 군사들은 한산도에서부터 하루 종일 노를 저어 왔기 때문에 잠시도 쉬지 못했으며, 또 허기와 목마름에 시달리고 피곤하여 배를 뜻대로 운행할 수가 없었다. 모든 배들이 바로 나가기도 하고 옆으로 처지기도 하며, 앞서기도 하고 뒤서기도 했고, 잠깐 앞으로 나갔다가 곧 뒤로 물러나기도 했다. 왜적들은 우리 군사들을 피곤하게 하려고 우리 배 가까이 왔다가 갑자기 배회하면서 피하여 가기만 하고 맞붙어 싸우려 하지 않았다. 이때 밤은 깊고 바람과 파도가 세찬데, 우리 배들은 사방으로 흩어져 떠내려가서 갈 방향조차 알지 못했다.

원균은 간신히 남은 배를 수습하여 웅천에 있는 섬 가덕도로 들어왔다. 군사들은 갈증이 심해서 서로 다투어 배에서 내려 물을 마셨는데, 왜병들이 섬 속에서 뛰어나와 덮치는 바람에 이 싸움에서 장수와 군사 4백여 명을 잃어버렸다.

원균은 다시 함선들을 이끌고 물러나와 거제 칠천도에 도착했는데, 권율이 고성에 있다가 원균이 출동한 뒤 실패만 하고 아무런 소득도 올리지 못했다며 격서를 보내 원균을 불러와서 곤장을 치고 다시 나가 싸우라고 독촉했다.

원균은 부대로 돌아와서는 더욱 화가 나고 억울하여 술을 마시고 취해 누웠는데, 여러 장수들이 원균을 보고 군사 일을 의논하고자 했으나 만날 수 없었다. 이날 밤중에 왜적의 배가 와서 습격하자 원균의 군사는 크게 무너졌다. 원균은 도망쳐 바닷가에 이른 뒤 배를 버리고 언덕에 올라 달아나려 했으나 몸이 살찌고 거동이 둔하여 재빠르게 갈 수가 없어서 소나무 아래에 앉았고, 측근 사람들은 모두 흩어져 달아났다. 어떤 이는 원균이 이곳에서 적에게 살해되었다고 하고, 또 어떤 이는 달아났다고도 하는데 확실한 것은 알 수가 없다.

이억기는 배 위에서 물에 뛰어들어 죽었다.

배설은 그전부터 원균이 반드시 패전할 거라고 생각해 여러 번 원균에게 충고했다. 이날도 원균에게 "칠천도는 물이 얕고 물목이 좁아서 배를 운행하기가 불편하니 다른 곳으로 옮겨 진을 치는 것이 좋겠습니다"라고 말했으나, 원균은 전혀 듣지 않았다. 배설은 가만히 자신이 거느린 함선들과 은밀히 약속을 하고서, 경계를 펴면서 적의 공격에 대비하고 있다가 적군이 내습하는 것을 보고는 항구를 벗어나 먼저 달아났다. 그래서 그가 거느린 군사만 온전하게 보존되었다.

배설은 한산도에 돌아와서 건물과 양곡, 병기를 불태웠고, 성안에 남아 있는 백성들을 옮겨 적병으로부터 안전한 곳으로 피란시켰다. 우리 수군이 한산도에서 패전한 후에 적군이 승리한 기세를 타고 서쪽으로 진격해 쳐들어오자, 남해군과 순천부가 차례로 함몰되었다. 적군의 배들이 섬진강 하류의 두치진[4]에 이르러 육지에 올라 계속 진격했다. 적이 나아가 마침내 남원부를 포위하자, 전라도와 충청도 지방이 크게 들썩거렸다.

적군이 1592년에 우리나라를 침범한 이후로 오직 수군에게만 패배를 당해서, 도요토미 히데요시는 이것을 분하게 여겨 고니시 유키나가에게 책임을 지워 우리 수군을 반드시 쳐부수라고 명령했다. 이에 고니시 유키나가는 거짓으로 김응서에게 극진한 성의를 베푸는 체하여 이순신이 죄를 얻게 하고, 또 원균을 유인하여 바다로 나오도록 우리 수군의 방비 실상을 낱낱이 파악하고 난 후에야 습격을 감행했던 것이다. 그들의 계책이 지극히 교묘하여 우리는 모두 그들의 꾀에 완전히 속아 넘어가고 말았으니 참으로 안타까운 일이다.

왜병이 서북쪽 황석산성을 함락하니, 안음 현감 곽준과 전 함양 군수 조종도가 전사했다.

처음에 체찰사 이원익과 도원수 권율은 경상도내의 산성들을 수리하여 적군을 막을 일을 의논하고, 공산(대구 팔공산)·금오(구미 금오산)·용기(운궁현)·부산(경주 근처의 부산성) 등 산

---

4) 섬진강 하류 하동 서쪽 5리 지점에 있던 나루터.

성을 쌓았다. 공산산성과 금오산성에 백성의 힘이 가장 많이 들었는데, 이웃 고을의 무기와 군량 등을 모두 거두어 성안에 가득 쌓아두고, 수령들을 독려해서 늙은이와 어린이, 남자와 여자들을 모두 거느리고 성을 지키도록 했다. 이 일로 주변의 인심이 떠들썩해졌다.

그런데 정작 적군이 다시 쳐들어올 때는 전혀 엉뚱하게 대처했다. 가토 기요마사는 서생포에서 서쪽으로 전라도를 향해 나아가서 장차 고니시 유키나가의 수로로 오는 군사와 합쳐 함께 남원을 공격할 계획이었다. 그러자 원수 이하 우리 장병들은 모두 멀리서 바라만 보고 적병을 피해가면서, 각처의 산성에 들어가 지키는 사람들에게 지시를 내려 흩어져서 적병을 피하도록 했다.

그러나 유독 의병장 곽재우만은 창녕의 화왕산성에 들어가서 죽기를 각오하고 성을 지켰다. 적군은 산 밑에 이르러 성의 형세가 험준하고 가파르며 성안의 사람들이 안정되어 동요하지 않는 것을 알아채고는 공격도 하지 않고 그대로 돌아갔다.

안음 현감 곽준은 황석산성으로 들어갔다. 전 김해 부사 백사림도 이 성안으로 들어갔다. 백사림은 무인이었으므로 여러 사람들은 그를 마음속으로 의지하여 든든하게 여겼다. 그런데 적병이 성을 공격한 지 하루 만에 백사림이 먼저 도망쳤고, 그 때문에 여러 군사들은 모두 무너졌다.

적군이 성안에 들어오자 곽준은 그의 아들 이상, 이후와 함께 전사했다. 곽준의 딸은 유문호에게 시집갔다. 이미 성 밖에 나와 있었던 곽씨는 유문호가 적에게 사로잡혔다는 소식을 듣고 여종에게 "아버지가 돌아가셨으나 내가 따라 죽지 않은 것은 남편이 살아 있기 때문인데, 지금 남편마저 적에게 잡혀갔으니 내가 살아서 무엇을 하겠느냐?" 하고 말한 뒤 목매어 죽었다.

조종도는 전부터 단단히 각오하고 있었다. 이에 말하기를 "나도 일찍이 벼슬살이를 한 사람인데, 난을 피해 달아나 숨는 무리들과 풀 속에서 같이 이름 없이 죽을 수는 없으니, 죽는다면 마땅히 장부답게 뚜렷한 흔적을 남기고 당당하게 죽을 것이다"라고 했다.

이에 처자를 거느리고 황석산성으로 들어갔는데, 성이 함락될 때 다음과 같은 시 한수를 남기고는 결국 곽준과 함께 적에게 살해당했다.

임금님 계신 땅에 사는 것도 기쁘지만
절개를 위해 죽기로 각오한 성안에서 죽는 것도 영광이라네

13장

이순신의 복귀

이순신이 다시 삼도수군통제사로 임명되었다.

한산도에서의 패전이 보고되자 조정 안팎이 크게 놀랐다. 임금께서는 비변사의 신하들에게 계책을 물었으나, 그들은 놀라고 당황해 대답을 하지 못했다.

경림군 김명원과 병조판서 이항복이 조용히 임금께 "이것은 원균의 죄이오니, 마땅히 이순신을 기용하여 통제사로 임명하는 길 밖에는 없습니다"라고 아뢰었고 임금께서는 이 말에 따랐다.

이때 권율은 원균이 패전했다는 소식을 듣고 이순신을 현지로 보내 남은 군사를 수습하여 모으게 했는데, 적군의 형세가 한창 강성한 때였다. 이순신은 군관 한 사람을 데리고 경상도에서 전라도로 들어갔는데, 밤낮으로 왜적의 눈을 피해 몰래 몸을 숨겨 가며 이리저리 돌아서 간신히 진도에 이르렀고, 도착하여 군사를 수습하여 적군을 방어할 태세를 갖추었다.

왜군이 남원을 함락했다.

이 싸움에서 명나라 장수 양원은 전라도로 달아났고, 전라 병사 이복남, 남원 부사 임현, 조방장 김경로, 광양 현감 이춘원, 명장 접반사 정기원 등은 모두 전사했다. 우리나라의 군기시의 소속 파진군[1] 12명도 양원을 따라 남원에 들어가 있었는데, 모두 적병에게 죽고 김효의란 사람만이 홀로 빠져 나와서 성이 함락된 사정을 나에게 상세히 들려주었다.

양 총병 양원은 남원에 이르러 성을 한 길이나 더 높이 쌓고, 성 밖의 양마장에 포 쏘는 구멍을 많이 뚫고, 성문에 대포 서너 대를 설치하고, 참호도 한두 길이나 더 깊이 파두도록 했다.

한산도가 패하자 적군이 수로와 육로 양쪽으로 전진해 왔는데, 그 사태가 매우 위급하다는 보고가 들어와 성안의 백성들은 마음이 몹시 어수선해져서 모두 도망쳐 흩어졌으나, 오직 총병

---

1) 조선 시대 때 전선에 파견되어 화포를 조작하는 임무를 맡았던 군대를 말함.

양원이 거느린 요동의 기병 3천 명만은 성안에 남아 있었다. 총병은 전라 병사 이복남에게 격서를 보내어, 와서 함께 성을 지키려고 했으나, 이복남은 시일을 지체하면서 오지 않았다. 총병이 정찰병을 연달아 보내 재촉하자 마지못해 그제야 이르렀으나, 거느리고 온 군사는 겨우 수백 명뿐이었다. 광양 현감 이춘원과 조방장 김경로 등이 잇따라 도착했다.

8월 13일, 왜적의 선봉 백여 명이 성 밑에 와서 조총을 쏘다가 잠깐 뒤에 그치고, 모두 밭고랑 사이에 흩어져 논밭 속으로 잠복했다. 그러고는 서너 명이나 네다섯 명씩 떼를 지어, 성 밑으로 접근했다가 물러갔다가 했다. 성벽 위에 있는 군사들은 성 위에서 승자소포로 응전했으나, 왜적의 대진은 먼 곳에 있으면서 유격병을 출동시켜 교전하게 했다. 적병이 듬성듬성 간격을 벌린 대열로 번갈아 나오면서 진격했기 때문에 우리 편의 소포는 적병을 맞히지 못했는데, 성을 지키는 우리 군사들은 여기저기서 적병의 총탄에 맞아 쓰러졌다.

조금 후에 왜병은 성 밑에 와서 큰 소리로 성 위에 있는 우리 군사를 소리쳐 불러 서로 이야기를 나누자고 청했다. 총병이 하인 한 사람을 시켜 통역사를 데리고 왜군의 진영으로 가게 해서 편지를 가지고 왔는데, 그것은 바로 승부를 결정짓는 싸움을 하자는 내용이었다.

14일, 왜병은 성을 삼면으로 포위해 진을 치고 총과 포로 전날과 같이 번갈아 공격했다.

성의 남문 밖에는 민가가 빽빽하게 모여 있었는데, 적병이 다다르기 전에 총병이 이미 이것을 불태웠다. 그런데 돌담과 흙벽은 아직 남아 있었으므로, 적병들은 이에 숨어서 총을 쏘아 공격했고, 성 위에 있던 사람들이 많이 맞아서 넘어졌다.

15일, 바라보니 왜병들은 성 밖의 잡초와 논에 있는 볏짚을 베어다가 큰 묶음을 수없이 만들어 담과 벽 사이에 쌓았는데, 성안 사람들은 그것을 무엇에 쓰려는지 알 수가 없었다.

이때 명나라 유격장군 진우충이 군사 3천 명을 거느리고 전주에 있으므로, 남원 군사들은 날마다 와서 구원해주기를 바랐으나 오래도록 오지 않아 더욱 두려워했다. 군사들은 더욱 두려움에 휩싸였다. 이날 저녁 무렵에, 성첩을 지키던 군사들이 이따금 머리를 맞대고 귀엣말로 수군거리며 말에다 안장을 준비하는 등 도망치려는 기색을 보였다.

그날 밤 초경에 왜군의 진영에서 지껄이는 소리가 크게 일어나면서 서로 말을 주고받기도 하고 무언가 물건을 운반하는 듯한 기색도 있었는데, 한쪽에서는 성을 향해 모든 포를 걸어 놓고 이리저리 어지럽게 쏘았고 총탄이 우박처럼 성 위에 떨어지니 성 위의 사람들은 목을 움츠리고 감히 성 밖을 내다보지도 못했다. 한두 시간이 지나 떠들썩한 소리가 그쳤을 때에는 묶어둔 풀단이 이미 참호를 메우고 있었으며, 또 양마장 안팎에는 성벽 높이까지 풀단이 쌓여 있었다. 많은 왜병들이 이것을 밟고 성벽 위로 오르니 성안은 크게 혼란해지고, 왜병이 벌써 성안으로 들어왔다고 야단이었다.

김효의는 처음에 남문 밖 양마장을 지키고 있다가 허둥지둥 성안으로 들어왔는데, 그때 이미 성 위에는 아무도 없었고, 다만 성안의 곳곳에서 불길이 일어나고 있는 것만 보였다. 곧 달려가 북문에 이르렀다. 명나라 군사들은 모두 말을 타고 성문을 빠져나가려고 했으나 성문은 굳게 닫혀 쉽사리 열리지가 않으므로, 몰려든 말들의 발들을 묶어세운 것처럼 길거리를 꽉 메우고 있었다. 이윽고 성문이 열리자 군사와 말이 다투어 나가는데, 왜병은 성 밖에서 두 겹, 세 겹으로 포위하고 각각 중요한 길을 지키고 있다가 긴 칼을 휘둘러 마구 내리쩍었고 명나라 군사들은 다만 머리를 숙여 칼날을 받을 따름이었다. 때마침 달이 밝아서 빠져나온 이는 몇 사람뿐이었다.

총병은 하인 몇 명과 함께 말을 달려 돌진해 나와서 겨우 제 몸만 살았는데, 어떤 이는 "왜병이 총병인 줄 알고 일부러 빠져나가게 두었다"라고 했다.

김효의는 같이 갔던 한 사람과 함께 성문을 나왔다. 함께 나온 사람은 적병에게 죽고, 김효의는 논에 뛰어들어 풀 속에 숨었다가 왜병이 물러가기를 기다린 후에야 빠져나왔다고 했다.

양원은 요동 장수로서 북쪽 오랑캐를 방어하는 법만 알았을 뿐이고, 왜적을 방어하는 일은 알지 못했기 때문에 결국 패전하게 된 것이다. 또한 이 전투를 통해 평지에 쌓은 성은 지키기가 매우 어렵다는 것도 알게 되었으므로, 이제 김효의가 전하는 말을 상세히 기록하여 훗날 성을 지키는 사람들이 참고할 수 있도록 하는 바람이다.

남원이 결국 함락되자 전주 이북의 지방도 산산이 무너져서 어찌할 수가 없게 되었다.

훗날 양원도 결국 패전의 책임으로 사형을 받아 그 머리가 조리돌려졌다.

통제사 이순신이 왜병을 진도 벽파정 아래에서 격파하고 왜의 장수 마다시를 죽였다.

이순신이 진도에 이르러 병선을 수습해서 겨우 10여 척을 얻었다. 그때 해안 지방의 사람들은 배를 타고 피란하는 이가 수없이 많았는데, 이순신이 왔다는 소식을 듣고 기뻐하지 않는 사람이 없었다. 이순신이 여러 방면으로 사람을 보내어 그들을 불러 모으니, 멀고 가까운 지방에서 구름처럼 많이 모여들었다. 이순신은 그들을 군선의 후방에 있도록 하여 우리 군사들의 사기를 돕게 했다.

적의 장수 마다시는 수전을 잘했는데, 그가 함선 2백여 척을

명량해전도

거느리고 서해를 침범하려고 하다가 이순신과 벽파정 아래에서 만나게 되었다.

이순신이 배 12척에 대포를 싣고 조수가 밀려오는 것을 이용하여 그 흐름을 타고 적병을 쳤다. 적병은 패전하여 달아났으며, 이로부터 이순신의 군대의 명성과 위세가 크게 올랐다.

이순신은 이미 군사가 8천여 명이나 있었다. 이순신은 그들을 이끌고 고금도로 나아가 주둔했다. 군량이 떨어질까 걱정하여 해로를 통행할 수 있는 증명서를 만들고 "경상도·전라도·충청도의 바다를 통행하는 공선과 사선 중에서 통행첩이 없는 것은 모두 간첩선으로 인정하고 통행을 허락하지 않을 것이다"라고 명령을 내렸다.

이렇게 명령을 내리자 배를 타고 피란길에 오른 백성들이 모두 통행할 수 있는 증명서를 받아서 갔다. 이순신은 배의 크고 작은 차이에 따라 등급을 정하여 곡식을 바치게 했는데, 큰 배는 곡식이 3석, 중간 배는 2석, 작은 배는 1석으로 정했다. 피란하는 사람들은 모두 재물과 곡식을 싣고 바다로 들어왔기 때문에 그 정도의 곡식을 바치는 것은 어려운 일이 아니었고, 그들로서는 통행을 금지하지 않는 것을 오히려 기뻐했기 때문에 열흘 동안에 군량 만여 석을 모을 수 있게 되었다.

이순신은 또 백성들을 모집하고, 구리와 쇠를 수송하여 대포를 만들고, 나무를 베어 배를 만들어서 모든 일이 하나하나 잘

진척되었다.

그러자 여기저기 흩어져서 피란했던 백성들이 모두 이순신을 찾아와 의지하여 집을 짓고 막을 만들며 또한 장사를 생계로 삼아 삶을 영위하니, 섬 안에 이루 다 수용할 수 없는 정도였다.

얼마 뒤에 명나라 수군 제독 진린이 우리나라로 나와서 남쪽 고금도에 내려가 이순신과 군사를 합쳤다. 임금께서는 고금도로 내려가는 진린을 청파들까지 나와서 전송하셨다.

진린은 성품이 사나워서 다른 사람들과 대부분 뜻이 맞지 않으니 사람들이 그를 두려워했다. 나는 진린의 군사가 수령을 거침없이 때리고 함부로 욕을 하며, 찰방 이상규의 목에 새끼줄을 매어 끌고 다녀서 얼굴이 피투성이가 된 것을 보고 통역관을 시켜 말렸으나, 진린은 결국 듣지 않았다.

나는 옆에 앉아 있던 신하들에게 "아깝게도 이순신의 부대가 장차 패전하겠구나! 진린과 같이 군중에 있으면 행동이 제지당하고 의견이 서로 어긋나서 분명히 장수의 권한을 빼앗기고 군사들에게 함부로 횡포를 부릴 텐데, 하물며 이것을 제지하면 화를 더 낼 것이고 그대로 두면 한정이 없을 테니 이순신의 군사가 무슨 수로 패전하지 않을 수 있겠소?"라고 말하니, 여러 사람들도 모두 "그렇겠습니다"라고 하면서 서로 탄식만 할 따름이었다.

이순신은 곧 진린이 온다는 소식을 듣고 군인들에게 대대적인 사냥과 고기잡이를 시켜서 사슴·멧돼지·해산물 등을 많이 잡아다가 성대하게 술잔치 준비를 갖추고 그를 기다렸다.

진린의 배가 바다에서 들어오자 이순신은 군대의 의식을 갖추어 멀리까지 나가서 그를 영접했으며, 군영에 일행이 도착하자 그의 군사들을 풍성하게 대접했다. 그리하여 장수들은 물론이고 사졸들까지 모두가 흠뻑 취하지 않은 이가 없었다. 사졸들이 서로에게 말하기를 "과연 훌륭한 장수다"라고 했고 진린도 마음이 흐뭇했다.

오래지 않아 적군의 배가 인근의 섬을 침범하자 이순신은 자신의 군대를 보내 적을 격파시키고, 적군의 머리 40개를 베어 모두 진린에게 주어 그의 공으로 하도록 했다. 진린은 기대보다 과분한 대우에 더욱 기뻐했다.

이때부터 진린은 모든 일을 모두 이순신에게 물었으며, 어딘가로 나갈 때는 이순신과 가마를 나란히 해 감히 앞서 나가지 않았다.

이순신은 명나라 군사와 우리 군사들 사이에 아무런 차별도 두지 않겠다고 진린에게 약속하도록 했으며, 백성들에게서 조그마한 물건을 하나라도 빼앗는 사람이 있으면 모두 잡아서 매를 치기로 했다. 이렇게 되자 감히 군령을 어기는 사람이 없어져서 섬 안이 말끔해졌다.

진린은 이순신에게 진심으로 감복해 임금께 글을 올려 "통제사 이순신은 천하를 다스릴 만한 재주가 있으며, 위험에 빠진 나라를 구한 큰 공로가 있습니다"라고 했다.

14장

마지막 전쟁, 노량

적병이 물러갔다.

　이때 적군은 세 군데의 도를 짓밟아 지나는 곳마다 모든 집을 불사르고 백성을 죽였으며, 우리나라 사람들을 잡으면 빠짐없이 코를 베었다. 적병이 직산에 이르자 한양 사람들은 모두 도망쳤다. 9월 9일에는 중전께서 적병을 피하여 서쪽 지방으로 내려가셨다. 경리 양호와 제독 마귀는 한양에 있었는데, 평안도 군사 5천여 명과 황해도·경기도 군사 수천 명을 징발해 와서 한강 여울목을 나누어 지키게 하고 창고도 경비하도록 했다. 적군은 경기도의 경계에서 물러났다.

　가토 기요마사는 다시 울산에 진을 쳤고, 고니시 유키나가는 순천에 진을 쳤으며, 시마즈 요시히로는 사천에 진을 쳐서, 그 선두와 후미가 700~800리나 뻗쳐 있었다.

한양을 거의 지키지 못할 형세가 되자, 조정의 신하들은 다투어 임금이 피란할 계책을 올렸는데, 지사 신잡이 의견을 아뢰기를 "임금께서는 마땅히 영변으로 행차하옵소서. 신이 일찍이 평안도 병사를 지낸 일이 있기 때문에 영변의 사정을 자세히 알고 있사옵니다. 그곳에서 가장 걱정되는 것은 바로 장醬이 없는 것이오니, 만약 미리 준비하지 않으면 어떻게 필요할 때에 쓸 수 있겠습니까?"라고 했다.

이 말을 들은 사람들은 서로 전해가며 비웃기를 "신일에는 장을 담그지 않는다"[1]라고 했다.

한 대신이 조정에서 "이번의 적군은 그리 걱정할 것이 없습니다. 오랫동안 있으면 저절로 물러갈 것이니, 다만 임금님을 받들어 편안한 곳으로 모시고만 가면 될 것입니다"라고 했다.

도원수 권율이 한양으로 달려왔기에 임금께서 불러 전세를 물었다. 권율이 아뢰기를 "당초에 임금께서 한양으로 빨리 돌아오신 것은 적합한 일이 아니었습니다. 마땅히 서북 지방에 머물러 계시면서 적군의 동태가 어떠한지 살피셨어야 할 일이었습니다"라고 했다.

---

1) 일진이 '신辛'인 날은 장을 담그지 않는다는 민간 풍습이 있었는데, '신잡申磼'의 '신申'과 음이 같음을 이용하여 풍자한 것이다.

조금 후에 적군이 물러갔다는 소식을 듣고 권율은 다시 경상도로 내려갔다. 대간에서는 "권율은 지략이 없고 겁이 많으니, 도원수의 직책을 맡겨둘 수 없습니다"라고 질책했으나 임금께서는 받아들이지 않으셨다.

12월, 경리 양호와 제독 마귀가 기병과 보병 수만 명을 거느리고 경상도로 내려가서 울산에 있는 적군을 공격했다.

이때 적의 장수 가토 기요마사가 울산군 동쪽 바닷가 험준한 곳에 성을 쌓고 있었는데, 경리와 제독은 그들이 방심하고 있는 틈을 타 쳐들어갔다. 철갑으로 무장한 정예기병으로 달려가 쳤더니 적병은 쓰러지고 견디지 못했다. 명나라 군사가 적의 외성을 빼앗자 적병은 달아나 내성으로 들어갔는데, 명나라 군사들은 적병이 버리고 간 물건을 노획하는 데 정신이 팔려 곧바로 나가서 공격하지 않았다. 이 사이에 적병은 성문을 닫고 전열을 가다듬어 굳게 지켰으므로, 명나라 군사는 공격했으나 이기지 못했다.

우리 군사가 성 아래에 흩어져서 여러 진을 치고 성을 포위한 지 13일이 지나도 적병은 나오지 않았다.

29일, 나는 경주에서 울산으로 가서 경리와 제독을 만났다.

멀리서 적병의 진루를 바라보니 매우 고요하여 사람의 소리

라곤 전혀 없었다. 성 위에는 성첩을 설치하지 않고 사면으로 빙 돌려 장랑을 만들었는데, 지키는 적병들은 모두 그 안에 있다가 우리 군사가 성 밑에 이르면 총탄을 빗발처럼 마구 쏘았다. 날마다 이런 식으로 교전을 했고, 명나라 군사와 우리 군사의 시체가 성 밑에 쌓여 갔다.

이러는 중에 성안의 적을 구원하기 위해 서생포에서 온 적군의 배들이 바닷가에 물오리 떼처럼 줄을 지어 정박해 있었다.

섬 속의 산이라 물이 없어서, 적병은 밤마다 성 밖으로 나와 물을 길었다. 양 경리는 김웅서에게 일러 용감한 병사들을 거느리고 성 밖 우물가에 매복해 있다가 매일 밤 왜적 백여 명을 사로잡았는데, 적병은 모두 굶주리고 지쳐서 겨우 목숨만 붙어 있는 상태였다. 여러 장수들이 말하기를 "성안에 양식이 떨어졌을 것이니 오랫동안 포위하고 있으면 적은 저절로 무너질 것이다"라고 했다.

그런데 때마침 날씨가 몹시 춥고 비가 와서 군사들의 손발이 얼어 터졌는데, 조금 후에 적군이 육로로 구원하러 오기까지 했다. 이렇게 되자 경리는 적군에게 도리어 공격을 당할까 두려워 갑자기 군사를 돌이켜 물러났다.

정월에 명나라 장수들은 모두 한양으로 돌아가서 다시 공격하고 정벌하러 나설 계획을 세웠다.

1598년 7월, 경리 양호가 파면되고, 만세덕이 새로 경리에 임명되었다.

형 군문(총병관)의 참모관이었던 병부주사 정응태는 양호가 황제를 속이고 일을 그르쳤다며 20여 가지 죄목을 황제에게 보고함으로써 마침내 양호는 파면되어 돌아간 것이다.

우리 임금께서는 양호가 역대 경리들 중에서도 적군을 토벌하는 데 가장 힘썼다고 여겨, 곧바로 좌의정 이원익에게 양호의 무죄를 밝히기 위해 명나라 황제에게 바치는 글을 가지고서 명나라 수도 북경으로 달려가게 했다.

8월, 양호가 명나라를 향해 떠났다.

임금께서는 홍제원 동쪽까지 나와 전송하면서 눈물을 흘리고 작별하셨다. 만세덕은 곧 우리나라로 나오기로 되어 있었으나 아직 도착하지 않았다.

9월, 형개는 다시 장수들을 나누어 배치했다. 마귀는 울산을 맡게 하고, 동일원은 사천을 맡게 하고, 유정은 순천을 맡게 하고, 진린은 수로를 맡게 해 동시에 적군을 공격했으나 모두 이기지 못했다. 동일원의 부대에는 적군에게 패해 죽은 사람이 매우 많았다.

10월, 제독 유정은 다시 순천에 있는 적군을 쳤으며, 통제사 이순신은 수군을 이끌고 적의 구원 부대를 바다 가운데서 크게 물리쳤다. 그러나 이순신은 이 싸움에서 전사했다.

적의 장수 고니시 유키나가는 성을 버리고 도망쳤으며, 부산·울산·하동 등 바닷가에 진을 치고 있던 적군들도 모두 물러갔다.

당시 고니시 유키나가는 순천 예교에 성을 쌓고 굳게 지키고 있었다. 유정이 많은 군사를 거느리고 나아가 공격했으나 이기지 못하고, 순천으로 돌아갔다가 잠시 후에 육로로 다시 나아가 공격했다. 이순신은 명나라 장수 진린과 함께 바다의 후미진 어귀를 제압하고 바싹 졸라 적을 위협했다. 그러자 고니시 유키나가는 사천에 주둔하고 있던 시마즈 요시히로의 부대에게 구원을 요청했다. 시마즈 요시히로가 구원하러 오는 것을 이순신이 크게 쳐부수고 왜적의 배 2백여 척을 불살랐다. 죽이거나 사로잡은 적병의 수는 헤아릴 수 없을 만큼 많았다. 이순신은 달아나는 적을 뒤쫓아 남해 바다까지 갔다.

화살과 탄환이 쏟아지는 가운데서 이순신은 직접 싸움을 지휘하다가 날아오는 적의 탄환에 맞았다. 탄환은 그의 가슴을 뚫고 등 뒤로 나갔다. 곁에 있던 부하들이 부축하여 장막 안으로 옮겼는데, 이순신은 "싸움이 한창 치열하니 절대로 내가 죽었다는 말을 하지 말라"라는 말을 마친 뒤 곧 숨을 거두었다.

이순신의 형의 아들인 조카 완은 본래 담력과 기량이 있는 인물이었다. 그는 숙부 이순신의 죽음을 숨긴 채 이순신의 명령이라 하여 싸움을 더욱 독려하니 군중에서는 이순신이 전사한 사실을 알지 못했다.

진린이 탄 배가 적병에게 포위된 것을 보고 이완이 군사를 지휘해 그를 구원해 주었다.

적선은 흩어져 물러갔다. 진린은 자신을 구원해 준 것에 감사하기 위해 이순신에게 사람을 보냈다가, 그제야 이순신이 전사했다는 것을 알게 되었다. 진린은 그 소식을 듣고 의자에 앉았다가 땅바닥으로 몸을 던지면서 "나는 노야(이순신)께서 살아 있는 몸으로 오셔서 나를 구하신 줄 알았는데 어찌하여 돌아가셨습니까?"라고 소리를 울부짖었다. 그 모습을 본 모든 군사들이 통곡했고 울음소리가 바다를 진동시켰다.

고니시 유키나가는 우리 수군이 적군을 추격해 그의 진영을 지나간 틈을 타서 달아났다.

이보다 앞서 7월에 왜장 도요토미 히데요시가 이미 죽었기 때문에 바닷가에 진영을 설치했던 적군들은 모두 물러갔다.

이순신이 전사했다는 소식을 들은 우리 진영과 명나라 진영에는 통곡이 이어졌다. 백성들은 마치 자신의 어버이를 여읜 듯 통곡했다. 사람들은 이순신의 영구가 지나는 곳마다 제사를 지내기도 했고, 또 다른 사람들은 영구를 실은 수레를 붙잡고 통곡하기도 했다. 그들은 "공께서 진실로 우리를 살리셨는데, 공은 우리를 버리고 어디로 가십니까?"라고 말했다.

그렇게 몰려드는 군중으로 길이 막혀 상여가 나아갈 수 없을 정도였으며 길을 가는 사람들도 눈물을 흘리지 않는 이가 없었다.

조정에서는 이순신에게 의정부 우의정을 증직했다. 군무가 바닷가에 사당을 세워 그의 충혼을 기려야 한다고 제안했으나 결국 시행되지 못했다. 그러자 바닷가의 백성들이 모여 뜻을 모았고 사당을 세웠다. 그것을 '민충사愍忠祠'라고 부르며, 해마다 봄과 가을에 제사를 지냈다. 그 사당 아래를 지나는 상인들과 어부들도 제사를 지냈다.

15장

구국의 영웅, 이순신

이순신의 자는 여해汝諧요, 본관은 덕수德水다.

그의 조상 중에 '이변'이란 사람이 있는데, 벼슬이 판중추부사에 이르렀으며 강직하다는 명성이 있었다. 그의 증조부는 '이거'인데 성종 임금을 모셨다. 연산군이 동궁이던 시절에 이거는 강관이 되었는데 연산군은 엄격한 이거를 꺼렸다. 일찍이 사헌부 장령이 되었을 때에는 누구라도 기탄없이 탄핵하여 권력자를 회피하지 않았기 때문에, 백관들이 그를 두려워해서 호장령이라고 불렀다. 이순신의 조부 이백록은 가문의 음덕으로 벼슬을 했다. 그의 아버지 이정은 벼슬을 하지 않았다.

이순신은 어렸을 때부터 영리하고 활달해서 어떤 사물에도 구속을 받지 않았다. 마을에서 여러 아이들과 놀이를 할 때에는

이순신이 무과에 급제했을 때 받은 홍패(문화재청)

나무를 깎아 활과 화살을 만들어 길거리에서 놀면서 마음에 맞지 않는 사람을 만나면 그 사람의 눈을 쏘려고 했다. 그래서 어른들도 그를 두려워하여 감히 그 집 문 앞을 지나가지 못하는 이도 있었다.

　장성해서는 활쏘기를 잘해서 무과를 거쳐 벼슬길에 나섰다. 그의 조상들은 대대로 유학을 업으로 하여 문관으로 벼슬을 했는데, 이순신 때에 와서 처음으로 무과에 오르게 되었다.

　이순신이 권지 훈련원 봉사[1]로 보직되었을 때, 병조판서 김귀영이 자신의 서녀를 순신에게 첩으로 주려고 했는데 순신이 이를 탐탁지 않게 생각했다. 다른 사람이 그 이유를 묻자, 순신은 "내가 처음으로 벼슬길에 나갔는데, 어찌 권세 있는 집안에 의탁하여 승진하기를 도모하겠는가?"라고 했다.

그때 병조정랑 서익이 자신과 가까운 사람이 훈련원에 있었는데, 서익이 차례를 뛰어넘어 그 사람을 승진시키려고 하여 이순신에게 알렸다. 그러나 순신은 훈련원의 실무를 맡은 담당관의 입장에서 그럴 수는 없다고 고집했다. 그래서 서익은 이순신을 패지牌旨[2]로 불러 뜰아래 세워 놓고 따지며 나무랐다. 그러나 순신은 말과 얼굴빛이 조금도 변하지 않고 곧게 항변하고 흔들리지 않았다. 서익은 더욱 크게 노하여 기승을 부리며 다그쳤으나, 순신은 조용히 대답하면서 끝내 조금도 기가 꺾이지 않았다. 서익은 본래 기질이 세고 남을 곧잘 업신여겼기 때문에 동료들도 그를 꺼려 되도록 말다툼을 하지 않으려고 했다. 그런 터라 이날 하급 관리들은 섬돌 아래 있다가 모두 이 광경을 보고 서로 쳐다보며 놀라 혀를 내두르면서 "감히 본조의 정랑에게 대항하니 앞길이 어찌 될지 생각하지도 않는단 말인가?"라고 했다.

날이 저물어서야 서익은 겸연쩍어 하면서 기가 꺾여 순신을

---

1) 조선 왕조 때 훈련원의 종8품직을 잠시 맡아보는 벼슬.
2) 지위가 높은 사람이 낮은 사람에게 권한을 위임하던 공식 문서.

돌려보냈는데, 사람들은 이 일로 순신의 인품을 더러 알게 되었다.

이순신이 옥에 갇혔을 때 장차 일이 어떻게 될지 알 수 없는 아주 험악한 판국이었는데, 한 옥리가 그의 조카 '이분'에게 "뇌물을 쓰면 죽음을 면할 수 있다"라고 은밀하게 말해주었다. 순신은 이 말을 듣고 이분에게 화를 내며 "죽게 되면 죽을 따름이다. 어찌 도리를 어기면서까지 살기를 도모하겠는가?"라고 꾸짖으니 그가 지조를 지킴이 이와 같았다.

이순신의 사람됨은 말과 웃음이 적고 용모가 우아하고 단정하여 마치 몸을 닦고 언행을 삼가는 선비와 같았으나, 그의 마음에는 담력이 있어 자신의 몸을 돌보지 않고 나라를 위해 목숨을 바쳤으니, 이것은 바로 그가 평소에 수양을 했기 때문이다.

그의 형은 희신과 요신인데, 모두 순신보다 먼저 죽었기 때문에 순신은 그들의 자녀를 자신의 자녀처럼 보살피며 길렀다. 시집보내고 장가보내는 데도 반드시 형의 자녀들을 먼저 챙긴 뒤에 자신의 자녀를 생각했다.

이순신은 재능은 있었으나 명이 짧아서 가지고 있던 재능 백가지 중에 한 가지도 발휘하지 못하고 죽었으니, 아아! 참으로 애석한 일이다.

통제사 이순신은 군중에 있을 때에 밤낮으로 철저히 경계하여 갑옷을 벗은 일이 없었다.

견내량에서 적선과 서로 대치하고 있을 때의 일이었다.

아군의 모든 함선이 닻을 내린 뒤였다. 그날 밤에 달빛이 매우 밝았다. 통제사는 갑옷을 입은 채로 전고[3]를 베고 누웠다가 갑자기 일어나 앉으면서 측근에 있는 사람을 불러 소주를 가져오게 하여 한 잔을 마시고는, 여러 장수들을 모두 불러 앞으로 오도록 하고 다음과 같이 지시했다.

"오늘 밤에 달이 매우 밝은데, 적병은 간사한 꾀가 많으므로 달이 없을 때도 물론 우리를 습격해 오겠지만, 달이 밝을 때도 습격해 올 테니 경비를 엄중히 해야 할 것이다"라고 말하고는 드디어 호령 신호인 나팔을 불게 하여 여러 배들이 모두 닻을 올리게 하고, 또 척후선에게 전령을 보냈다. 척후 임무를 맡은 군사는 한창 깊은 잠에 자고 있었는데 그를 깨워 일으켜서 적병의 습격에 대비하도록 했다.

한참 뒤에 척후병이 달려와서 적선의 습격을 알렸다. 그 시간 달은 서쪽 산에 걸려 있고 산 그림자는 바닷속에 거꾸로 비쳤으며 바다의 한쪽은 어슴푸레 그늘이 져 있었다. 그늘져 어두운 쪽 바다를 따라 무수한 적군의 배들은 그늘 속에서 수없이 다가와 장차 우리 배에 접근해 오고 있었던 것이다.

이에 우리 중군에서 대포를 쏘면서 함성을 지르니 여러 배들

---

3) 전투할 때에 치던 북.

도 모두 이에 응했다. 적군은 우리가 대비하고 있는 것을 알고 일제히 조총을 쏘았다. 총소리는 바닷속을 진동하고 총탄이 빗발처럼 물속으로 떨어졌다. 그러나 적병은 감히 우리를 침범하지 못하고 물러 달아났다. 부하 장수들은 모두 이순신을 신神이라고 생각했다.

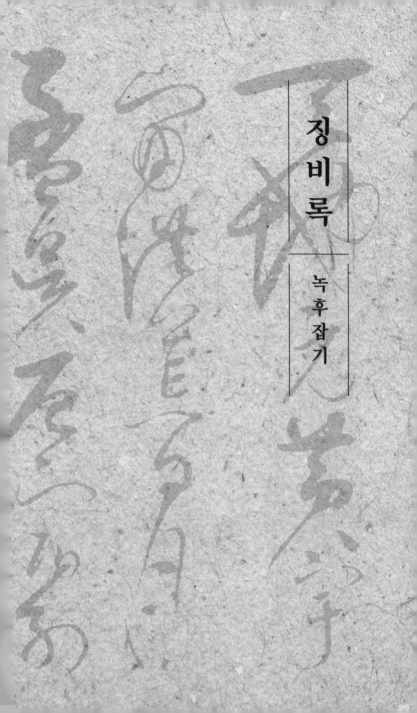

징비록

녹후잡기

1

1578년(무인년, 선조 11년) 가을에 장성[1]이 하늘에 뻗쳤는데, 모양은 흰 비단을 펼쳐 놓은 것과 같았으며 서쪽 하늘에서 동쪽 하늘을 향해 펼쳐져 있다가 몇 달이나 지나 사라졌다.

1588년(무자년, 선조 21년)에는 한강 물이 사흘 동안이나 붉은 모습을 띠었다. 1591년에는 죽산 대평원 뒤쪽에 있던 돌이 저절로 일어났고, 통진현[2]에서는 넘어졌던 버드나무가 다시 일어났다. 그러자 백성들 사이에서 "장차 도읍을 옮길 것이다"라는 헛소문이 퍼졌다.

---

1) 혜성. 이 별이 나타나면 전쟁이 일어날 징조로 여겼음.
2) 강화도 맞은편에 있던 현.

또 동해에서 잡히던 물고기가 서해에서 잡혔는데 그 물고기
는 점차 올라와서 한강에서까지 잡혔다. 청어는 본래 해주에서
잡혔으나 10년이 넘도록 전혀 잡히지 않았고 얼마 후 청어는
요해로 건너간 듯했다. 요동 사람들은 청어를 신어新魚라고 불
렀다. 또 요동의 8참에 사는 백성들이 어느 날 놀라서 "조선에
서 도적이 몰려오고, 조선 왕자의 교자[3]가 압록강까지 왔다"라
고 했다. 그러자 그 말을 들은 노인과 어린이가 산에 올라가 숨
기도 했는데, 며칠 만에야 진정이 되었다.

한편 우리나라 사신이 북경에서 돌아오는 길에 금석산에서
묵게 되었는데 성이 하씨인 사람의 집이었다. 그 집주인이 "조
선의 역관들이 나에게 '너의 집에 3년 된 술과 5년 된 술이 있
거든 아끼지 말고 즐겁게 마시며 놀아라. 오래지 않아 난리가
나면 술이 있더라도 누가 그것을 마실 것인가?'라고 하니 그 말
을 들은 요동 사람들은 조선이 명나라에 다른 뜻이 있는가 의
심하기도 했다"라고 했다.

사신이 돌아와서 임금께 그 일을 아뢰니, 조정에서는 역관 중
에 말을 만들어 말썽을 일으키고 본국을 모함한 사람이 반드시
있을 것이라고 판단했다. 역관 몇 사람을 체포해 인정전 뜰에서
압슬형[4]을 했으나 모두 자백하지 않고 죽었다.

---

3) 평교자를 뜻함. 조선 시대에 종1품 이상 및 당상관이 타던 가마.

그렇게 이상한 일들이 1591년 무렵에 일어났고, 그 이듬해인 1592년에 왜란이 일어났다. 그러한 상황으로 보아 큰 난리가 일어날 때에는 미리 알지는 못하더라도 여러 가지 조짐이 나타난다는 것을 알 수 있다. 흰 무지개가 해를 꿰뚫는다든가, 금성이 하늘에 뻗치는 일은 해마다 있었는데도 사람들은 예삿일로 보고 넘겼다.

또 한양 안에는 항상 검은 기운이 있었다. 연기도 아니고 안개도 아닌 것이 땅에서 피어 하늘까지 닿았는데 그 일이 10여 년이나 계속되었다. 그 외에도 여러 종류의 변괴를 이루 다 기록하기 어려울 정도였다. 하늘의 경고는 매우 깊고 간절했으나 다만 사람들이 자세히 헤아려 깨닫지 못했을 따름이다.

두보[5]의 시에 다음과 같은 구절이 있다.

장안성 위의 머리 흰 까마귀

밤이면 연추문 위에 날아와 우짖네

---

4) 죄인을 심문할 때 널빤지로 무릎 위를 누르고, 달군 쇠로 허벅지를 지지는 형벌.

5) 중국 당나라 때의 시인(712~770). 자는 자미子美. 호는 소릉少陵·공부工部·노두老杜. 율시에 뛰어났으며, 긴밀하고 엄격한 구성, 사실적 묘사 수법 따위로 인간의 슬픔을 노래했음. '시성詩聖'으로 불리며, 이백과 함께 중국의 최고 시인으로 꼽힘.

그 까마귀 또 인가로 날아가 고관의 저택 지붕을 쪼아대니

그 지붕 밑 고관은 달아나 오랑캐를 피하네

1592년 4월 17일에 왜적이 침입했다는 소식이 전해졌다. 조
정과 백성들은 매우 당황해 허둥지둥했다. 그때 갑자기 괴이하
게 생긴 새 한 마리가 궁의 후원에서 울다가 공중에서 이러저
리 날아다녔다. 새는 단 한 마리뿐인데도 성안이 새가 우는 소
리로 가득 차서 그 울음소리를 듣지 못한 사람이 없었다. 그로
부터 열흘 만에 임금께서 피란길에 오르셨고, 적군이 도성에 들
어와 궁궐과 종묘사직, 관청과 백성들의 집이 아무것도 없이 텅
비게 되었으니 매우 괴이한 일이었다.

5월에 나는 임금을 모시고 평양에 이르러 김내진의 집에 머
물렀다. 김내진이 나에게 "몇 해 전에 승냥이가 여러 번 성안에
들어왔으며, 대동강의 물이 붉었는데 동쪽 강변은 물이 매우 탁
하고 서쪽 강변은 물이 매우 맑더니 지금 그런 변고가 일어나
게 되었습니다"라고 했다.

당시 적군이 평양에 이르지는 않았다. 나는 그 말을 듣고 대
답하지는 않았으나 불길한 느낌이 들었다. 얼마 지나지 않아 평
양 또한 함락되었다. 승냥이가 사람들이 사는 성안에 들어온
다는 것은 맞지 않는 일이다. 승냥이가 성안에 들어왔다는 것
은 하늘의 계시임이 분명하다. 그것은 《춘추》[6]에 "구욕새가 와

서 둥지를 튼다.[7] 익새 여섯 마리가 바람에 밀려 앞으로 날아가지 못하다.[8] 겨울에 큰 사슴이 많이 나타나다,[9] 가을에 물여우가 나타나다[10]"라고 기록된 것처럼 보통 때에는 일어날 수 없는 특이한 일들이다. 그러므로 그것은 하늘이 인간에게 계시하는 것이며, 성인께서도 경고했으니 어찌 두려워하지 않겠는가.

1592년 봄과 여름 사이에는 세성[11]이 미성과 기성의 별자리에 머물렀다. 미성과 기성의 별자리는 바로 중국의 연나라에 해당되는 자리인데[12], 옛날부터 연나라는 우리나라와 같다고 인식해 왔다.

당시 적군은 한양을 향해 나날이 진격해서 들어오고 민심은 어수선했다. 어느 날 임금께서 "복을 부르는 좋은 별이 우리나라에 있으니 적군을 두려워할 까닭이 없다"라는 교지를 내리셨

---

6) 유학 오경의 하나. 공자가 노나라 은공에서 애공에 이르는 242년(B.C.722 ~B.C.481) 동안의 사적을 편년체로 기록한 11권의 책임.

7) 《춘추》 소공 25년의 기록. 구욕새는 본래 구멍을 집으로 만들어 사는 새로 남쪽에는 나타나지 않는데, 노나라 땅에 들어와 구멍이 아닌 둥지를 틀고 깃든다는 것은 일반적인 일이 아님. 따라서 재난이 일어날 조짐으로 본 것임.

8) 《춘추》 희공 16년의 기록. 여섯 마리의 익새가 바람 때문에 뒤로 밀려서 송나라 수도를 지나간 사건임. 이 역시 재난이 일어날 조짐으로 본 것임.

9) 《춘추》 장공 17년의 기록. 평소에는 일어나지 않는 일이므로 재난이 일어날 조짐으로 본 것임.

10) 《춘추》 장공 18년의 기록. 평소에는 일어나지 않는 일이므로 재난이 일어날 조짐으로본 것임.

11) 목성을 말함. 이 별이 보이면 그 지역에 경사스러운 일이 있을 징조로 여김.

12) 과거 중국 사람들은 하늘의 별자리를 지상의 지역들에 배당했음.

다. 그렇게 말씀하신 것은 아마도 별을 핑계로 민심을 수습하려는 뜻이었을 것이다. 그 후에 한양을 잃기도 했지만 결국 회복되었고 임금께서는 한양으로 곧바로 돌아오시게 되었다. 또한 적장 도요토미 히데요시는 그 악독한 성질을 한껏 부리지 못하고 죽었으니, 어찌 우연이라고만 하겠는가. 모두 하늘의 뜻이라고 하겠다.

2

왜적은 무척 간사하고 교활한 족속이다. 그들의 전쟁을 보면 하나같이 남을 속이려는 꾀에서 비롯한 것이다.

1592년의 일을 살펴보면 한양에서는 교묘했으나 평양에서는 졸렬했다고 할 수 있다.

우리나라는 태평성대가 백 년 동안이나 계속되어 백성들이 전쟁을 잊고 지냈다. 그러다가 갑자기 왜적이 침입했다는 소식을 듣고 어찌할 줄을 몰라 혼비백산했던 것이다.

왜적은 대단한 기세로 10일 만에 한양까지 진격해 우리를 몰아붙였다. 지혜로운 사람이 미처 대책을 마련할 틈도 주지 않고, 용맹한 사람이 미처 결단을 내릴 틈도 주지 않아 도저히 민심을 수습할 수 없는 지경에 이르렀던 것이다. 그것은 뛰어난 군사 전략이며 적군의 교묘한 계책이었다.

그때부터 왜적은 위세만 믿고 그 뒷일은 제대로 생각하지도 않고서 여러 도에 흩어져 마음껏 미쳐 날뛰었다. 군사가 나뉘면 세력이 약해질 수밖에 없다. 그런데 그들은 천 리에 걸쳐 진영을 형성해 시일을 허비했으니 이른바 "쇠뇌로 쏜 화살도 먼 데까지 이르러 힘이 다하면, 노나라의 얇은 깁도 뚫을 수 없다"는 옛말과 같은 이치로 뒷심이 약해질 수밖에 없었다.

송나라의 장수 장숙야[13]가 여진을 평가한 말이 있다. "여진은 병법을 알지 못한다. 뒤따르는 지원 부대도 없이 적진으로 깊숙이 들어갔으니 고립된 군사가 살아서 돌아갈 수가 있겠는가?" 당시 왜적의 작전이 이 상황과 흡사했다.

그리하여 명나라 군사 4만 명이 평양을 탈환하자 여러 도에 흩어졌던 왜적들은 모두 기운이 꺾였다. 한양을 아직 점령하고 있었지만 대세는 이미 기울어진 상태였다. 게다가 사방에 있던 우리 백성들도 곳곳에서 들고 일어나 적군은 서로 연락할 길이 없어졌고 결국 도망칠 수밖에 없게 되었다. 이런 까닭으로 평양에서는 그들이 졸렬했다는 것이다.

아아! 적군의 실책은 우리에게는 다행이었다. 그러나 우리나

---

13) 송나라 신종·휘종 때의 사람. 휘종이 포로가 되어 금나라로 갈 때 수행하다가 중도에서 죽었음.

라에 장수다운 장수가 있어 적절한 작전을 펼쳤다면 길게 이어진 적의 전선을 끊어 갈라놓을 수 있었을 것이다. 그런 작전을 평양에서 펼쳤다면 적의 우두머리를 힘들이지 않고 잡았을 것이고, 한양 이남에서 그렇게 했다면 적의 수레는 한 척도 돌아가지 못했을 것이다.

그렇게 했다면 적군은 간담이 서늘해져서 수십 년이나 수백 년 동안 감히 우리나라를 넘볼 엄두도 내지 못했을 것이다. 그러나 당시에 우리는 너무나 쇠약해 전쟁을 감당하지 못했으며, 명나라의 여러 장수들도 좋은 계책을 생각하지 못해 적군을 내쫓을 수는 있었지만 그들을 응징하거나 두려움을 갖도록 만들지는 못했다. 게다가 수준 낮은 계략을 써서 봉공을 사용했으니 참으로 애석하다. 지금 와서 생각해도 주먹을 불끈 쥐게 된다.

옛날에 조조가 병법에 관해 임금께 아뢰기를 "군대를 동원해 전투를 할 때 필요한 것이 세 가지 있습니다. 첫째는 유리한 지형을 이용하는 것이고, 둘째는 군사들의 기강이 잡혀 있는 것이며, 셋째는 좋은 무기를 사용하는 것입니다. 이 세 가지는 군사 작전에서 가장 핵심적인 요소이고 승부를 결정짓는 관건이므로 장수라면 반드시 알아야 합니다"라고 했다.

왜적은 훈련이 잘 되어 있었고 무기도 좋았다. 게다가 신식 무기인 조총까지 보유하고 있었다. 조총의 사정거리와 정확도는 화살보다 훨씬 뛰어났다. 우리가 만약 평탄하고 넓은 들판에서 적군을 만나 병법대로 싸웠다면 대적하기가 매우 어려웠을 것이다. 활은 백 보를 날아가는 데 비해 조총은 능히 수백 보를 날아간다. 또 연달아 쏠 수도 있어서 바람이 우박을 몰고 오듯 탄환을 퍼부으니 그것을 당해낼 수가 없었다. 그러나 우리가 먼저 유리한 지형을 선택해 산이 험준하고 숲이 빽빽한 곳에 활을 쏘는 병사들을 잠복시켜 적군의 좌우에서 한꺼번에 쏘게 한다면, 그들이 비록 조총이 있더라도 소용없게 되어 크게 승리했을 것이다. 한 가지 일을 예로 들어 이를 증명하고자 한다.

1592년, 한양에 들어온 적군이 날마다 성 밖에 나가서 노략질을 해서 역대 왕들의 무덤인 원릉마저도 보전할 수 없었다. 고양 사람 진사 이로는 활을 잘 쏘고 담력도 있었다. 어느 날 두 친구와 함께 활을 가지고 창릉·경릉에 들어갔는데 뜻밖에 적의 부대가 나타나 산골 속에 빽빽하게 메운 것을 보았다. 이로는 어찌할 도리가 없어 등나무가 우거진 숲속으로 숨었고 적군은 숲속을 샅샅이 수색했다. 이로 등은 풀 속에 숨어서 활을 쏘았는데 활시위 소리가 날 때마다 적군이 쓰러졌다. 또 그들이 재빨리 왔다 갔다 하면서 활을 쏘니 적군은 더욱 혼란스러워했다. 그 뒤로 적군은 우거진 수풀만 보면 멀리 달아나버려 감히 가까이 다가서지 못했으므로 창릉과 경릉 두 능은 온전히 보전될 수 있었다.

이것으로 미루어 보아 지형을 얻느냐 얻지 못하느냐에 따라 성패가 달라진다는 것을 알 수 있다. 적군이 상주에 있을 때 신립·이일 등이 그러한 계책을 썼다면 좋았을 것이다. 토천과 조령 사이에 활을 쏘는 병사 수천 명을 매복시켜 놓았다면 적군은 우리 군사의 숫자조차 헤아리지 못한 채 제압되었을 것이다. 그러나 그들은 훈련도 제대로 되지 않은 오합지졸을 데리고 그 험준한 요새를 벗어나 평지에서 겨루었으니 패배할 수밖에 없었다.

내가 군사 전략의 기밀에 대해 앞서 상세히 말했는데, 지금 또다시 특별히 기록하는 것은 훗날 참고로 삼을 수 있도록 하기 위해서다.

성은 적의 침범을 막고 백성을 보호하는 시설이므로 마땅히 견고함을 으뜸으로 한다.

옛날 사람은 성에 대해 말할 때 모두 '치雉'라는 말을 사용했는데, 이른바 '천 개의 치', '백 개의 치' 하는 것이다. 나는 평상시에 책을 많이 읽지 못했으므로 치가 성의 어떤 시설을 뜻하는 것인지 알지 못했고, 성첩이 치에 해당하는 것이라고 생각했다. 그래서 나는 성가퀴가 천 개, 백 개뿐이라면 그 성은 너무 작아서 많은 사람을 수용할 수 없을 텐데 대체 어떻게 쓰겠는가

하고 의구심을 품었다. 그러다 왜란이 일어난 후에 척계광[14]의 《기효신서》를 얻어 읽은 후에 치가 성가퀴를 가리키는 것이 아니라 곡성·옹성을 뜻한다는 것을 알게 되었다. 만약 성에 곡성·옹성이 없다면 한 사람이 하나의 성가퀴를 맡아서 지킬 때 성가퀴 사이에 방패를 세워 화살과 돌은 막을 수 있으나 성벽에 달라붙어 오르는 적은 보고도 막을 수가 없게 된다. 《기효신서》에 따르면 50개의 성첩을 하나의 단위로 정해서 매 단위마다 하나의 치를 설치하고, 그것을 성벽에서 두세 장 정도 밖으로 튀어나가게 설치해야 한다고 했다. 따라서 치와 치 사이에는 50개의 성가퀴가 있고, 하나의 치가 좌우로 각각 25개씩의 성가퀴를 담당하게 된다. 이 범위 안에서는 화살이 뻗어나가는 힘이 매우 강하고, 좌우로 돌아보면서 쏘는 것도 편리하므로 적군이 성 밑에 와서 달라붙을 수 없게 된다.

1592년 가을에 나는 안주에 머물러 있었고 적군은 평양에 있었다. 적군이 만약 단시일에 서쪽으로 내려온다면 행재소의 전방에서는 적군을 막을 수가 없었다. 그래서 먼저 안주성을 수축해 방비하려고 했다. 중양절(음력 9월 9일)에 청천강가에 나가 안주의 성을 돌아보고 조용히 앉아 깊이 생각한 지 한참 만에 문득 한 가지 계책이 떠올랐다.

---

14) 명나라 세종 때의 군사 전략가.

그것은 성 밖의 지세를 이용해 별도로 뾰족 튀어나오게 성을 쌓는 것이다. 그 속은 비워서 사람이 들어가 활동할 수 있도록 한다. 그 전면과 좌우에는 구멍을 뚫어 그 안에 숨어서 포를 쏘게 하고, 위에는 천 걸음 정도의 간격으로 서로 마주 보는 누를 설치한다. 대포 속에는 새알만 한 탄환을 넣었다가, 적군이 성 밖에 모여들었을 때 집중적으로 발사하면 쇠와 돌이라도 가루가 될 수밖에 없을 것이다. 그렇게 되면 수십 명만으로도 포루[15]를 지킬 수 있게 되어 적군은 감히 가까이 오지 못할 것이다.

그것은 성을 지키는 기묘한 방법으로, 비록 치를 모방했지만 그 효과는 치보다 만 배나 나을 것이다. 적군이 천 보 이내로 가까이 오지 못한다면, 성을 공격하는 데 쓰는 운제[16] · 충차[17] 같은 장비들도 모두 소용이 없게 될 것이다. 그것을 우연히 떠올린 나는 행재소에 계신 임금께 아뢰고, 그 후에 경연에서도 여러 번 제안했다. 또 사람들에게 그것이 유용하다는 것을 보여주기 위해서, 1596년 봄에 한양 동쪽 수구문 밖의 적당한 곳을 골라 돌을 모으고 성을 쌓기 시작했다. 그러나 반대 의견이 많아 만들지 못했다.

훗날에 나라의 장래를 깊이 생각하는 사람이 나온다면 그냥

---

15) 성가퀴를 앞으로 튀어나오게 쌓고 지붕을 덮은 부분.
16) 예전에 성을 공격할 때 썼던 높은 사다리.
17) 예전에 적진이나 성을 공격할 때 쓰던 수레의 하나. 앞, 뒤, 옆, 위가 온통 쇠로 덮여 있어 성벽이나 적진을 세게 부딪쳐서 공격함.

덮지 말고 그 방법대로 활용하기를 바란다. 적군을 방어하는 방법으로는 꽤나 효과적일 것이다.

내가 안주에 있을 때, 경상 우감사로 있던 나의 친구 김사순(김성일)이 "진주성을 수리한 뒤 죽기를 각오하고 성을 지킬 생각이네"라고 적은 편지를 나에게 보냈다.

전에 적군이 진주성을 공격했다가 이기지 못하고 물러갔으므로, 나는 사순에게 "적군이 조만간에 다시 와서 보복할 것이네. 이번에는 반드시 많은 군사가 올 것이니 성을 수비하는 것이 예전보다 더 어려울 것이네. 마땅히 포루를 세워 대비해야만 걱정이 없을 것이네"라고 답서했다. 또 그 방법에 대해서도 편지에 자세히 썼다.

1593년 6월, 나는 적군이 다시 진주성을 공격한다는 말을 듣고 종사관 신경진에게 "진주성이 매우 위태로운데 포루가 있으면 지킬 수 있을 것이고 그렇지 못하면 지키기가 어려울 것이다"라고 했다.

그런데 얼마 후에 합천으로 내려가 진주성이 이미 함락되었다는 소식을 들었다.

김사순의 친구인 단성 현감 조종도가 나에게 그동안의 소식을 전해 주었다.

"지난해 사순과 함께 진주에 있을 때, 사순이 공(류성룡)의 편지를 보고 아주 기가 막힌 계책이라고 감탄한 뒤 친구 몇 사람과 함께 성을 순시하고 나서, 여덟 곳에 포루를 설치하기로 했습니다. 그래서 고을 백성들에게 나무를 베어 강물에 띄워 보내도록 했습니다. 그런데 그들이 일하기를 꺼려하며 불평하기를 '전에는 포루 없이도 성을 수비하고 적군을 물리쳤는데 왜 그런 일로 백성들을 괴롭히는 것입니까?'라고 했습니다. 사순은 그 말을 듣지 않고 계속 일을 추진했는데, 얼마 지나지 않아 그가 병들어 영영 일어나지 못했고 일은 중단되었습니다. 참으로 안타까운 일입니다."

우리는 함께 슬픔을 나누고 헤어졌다. 아아, 사순의 불행은 곧 진주성과 많은 백성들의 불행이었다. 그것은 운명이며 사람의 힘으로는 어쩔 도리가 없었다.

1592년 4월에 적군이 내륙의 고을을 잇따라 함락하니, 우리 군사는 풍문만 듣고도 무너져 대항할 엄두도 내지 못했다.

비변사의 신하들은 날마다 대궐에 모여 적을 방어할 대책을 강구했으나 뾰족한 수는 나오지 않았다.

어떤 사람이 건의하기를 "적군은 창과 칼을 잘 쓰는데 우리는 튼튼한 갑옷이 없어 대적할 수 없습니다. 두꺼운 쇠로 갑옷을 만들어 입고 적진으로 들어간다면 적군이 찌를 수가 없으므로 우리가 승리할 수 있을 것입니다"라고 했다.

사람들은 모두 "그 말이 맞다"라고 했다. 대장장이들은 밤낮으로 쇠를 두들겨 갑옷을 만들었다. 그러나 나는 홀로 동의하지 않아서 "적군과 싸울 때는 구름처럼 모이기도 하고 까마귀처럼 흩어지기도 해야 합니다. 즉, 빠르게 움직이는 것이 중요합니다. 그런데 두꺼운 갑옷을 입는다면 몸을 쉽게 움직일 수 없을 텐데 어떻게 적군을 이길 수 있겠습니까?"라고 했다. 결국 며칠 후에 갑옷 제작은 중단되었다.

또 대간들이 대신들을 만나 계책을 의논했는데 그중 한 대간이 성난 기색으로 대신들에게는 아무런 계책도 기대할 것이 없다고 말했다. 그러자 대신들이 그에게 어떤 계책을 가지고 있느냐고 물으니, 그가 대답하기를 "어째서 한강가에 높은 누각을 설치해서 적군이 올라오지 못하도록 하지 않는 겁니까? 우리는 그 위에서 적군에게 활을 쏘면 되지 않겠습니까?"라고 했다. 또 어떤 사람이 "적군의 총알도 올라오지 못한다는 말씀이시오?"라고 묻자, 그는 아무 대답도 하지 못하고 물러났다. 그 말을 전해 들은 사람들은 그저 웃을 뿐이었다.

아아, 전쟁의 판도에는 일정한 형세가 없으며 전투에는 일정한 방법이 없다. 시기에 따라 알맞은 전법을 구사해 때로는 나아가고 때로는 물러가며 모이기도 하고 흩어지기도 해야 한다. 그것은 장수의 능력에 달려 있을 따름이다. 그렇기 때문에 온갖 말과 계획도 소용이 없으며 오직 뛰어난 장수를 얻는 것이 중요할 뿐이다. 또한 조조가 말한 세 가지 요소가 더해진다면 다른 것들이 필요가 있겠는가.

무릇 국가에서는 평소에 훌륭한 장수를 선발해 두었다가 사변이 생기면 활용해야 한다. 따라서 장수를 선발할 때에는 마땅히 꼼꼼해야 하고 임무를 맡길 때에도 빈틈이 없어야 한다.

당시 경상도의 방어를 맡은 수군 장수는 박홍과 원균이었고, 육군 장수는 이각과 조대곤이었다. 그들은 애당초 장수가 될 만한 인재가 아니었다. 사변이 일어나 순변사·방어사·조방장 등이 내려가 보니 모두 조정에서 저마다의 명령을 받았기 때문에 각기 마음대로 결단했고 군사들을 제멋대로 통솔해 작전 통일이 이루어지지 못했다. "여러 사람이 주관하면 패전한다"는 금기 사항을 어기고 말았으니 일이 어떻게 성공할 수 있겠는가. 게다가 자신이 양성한 군사는 지휘하지 못하고 대신 다른 사람의 군사를 거느렸으므로 장수와 군사가 서로 알지 못했다. 그것은 병가兵家에서 금하는 일이었다. 어째서 앞 수레가 이미 엎어졌는데 고치지 않고 오히려 엎어진 수레바퀴의 자국을 따르고 있단 말인가. 그러고도 무사하기를 바란다면 요행만을 바라는 것일 뿐이다. 더 이상 말해 무엇하겠는가. 아아, 위태로운 일이다.

1593년 정월에 명나라 군대가 평양에서 출발했는데 나는 명나라 군대보다 앞서 출발했다.

그때 임진강의 얼음이 녹아서 건널 수가 없었으므로 제독 이여송이 연달아 사람을 보내 배다리를 만들도록 독촉했다.

내가 금교역에 이르렀을 때 황해도의 수령이 아전과 백성을 거느리고 명나라 군사에게 식사를 대접했다. 우봉 현령 이희원을 불러 거느리고 있는 고을 사람들이 몇 명인가 물었더니 "수백 명입니다"라고 했다. 나는 분부하기를 "그대는 빨리 고을 사람들을 거느리고 산에 올라가 칡을 캐어 내일 나와 임진강 어귀에서 만난다. 늦어서는 안 될 것이다"라고 했다. 분부를 받은

접첩교
삼국 시대부터 사용한 것으로 강을 건널 때 사용했다.

이희원은 떠났다.

나는 개성에서 묵은 뒤, 새벽에 말을 타고 임진강 북쪽 덕진 당으로 갔다. 강의 얼음이 아직 완전히 녹지는 않아 얼음 위로 물이 흐르고 있었고 하류의 배가 올라오지 못하고 있었다.

경기 관찰사 권징, 수사 이빈, 장단 부사 한덕원과 창의 추의 군 천여 명이 강가에 모여 있었으나 모두 어찌할 도리가 없었다.

나는 우봉 현령과 백성들을 불러 칡을 가져오게 해 그것으로 두꺼운 동아줄을 만들도록 했다. 크기가 서너 아름이나 되고 길 이는 강을 건널 만했다. 강의 남쪽과 북쪽 언덕에 각각 두 개의 기둥을 세워 서로 마주보게 하고 그 사이에 나무 하나를 가로 지르게 했다. 그러고는 동아줄 열다섯 가닥을 땋아 가로지른 나 무에 각각 묶었다. 그러나 강이 너무 넓어서 동아줄이 반쯤 물 에 잠겼고, 사람들은 헛되이 인력만 소비했다고 말했다.

내가 천여 명의 사람들로 하여금 두세 자쯤 되는 짧은 막대 기를 가지고 새끼줄을 몇 바퀴씩 감게 했다. 그러자 동아줄이 물 위로 떠올라 빗살처럼 가지런히 배열되고 그제야 여러 동아 줄이 팽팽하게 당겨져 다리 모양이 되었다. 가느다란 버들을 베 어 그 위에 펴놓고 풀을 덮고 나서 다시 흙을 깔았다.

명나라 군사가 그것을 보고 크게 기뻐했다. 그들은 말을 탄 채 건너기도 하고 또 포차와 무기도 그 다리로 운반했다. 그런 데 시간이 지나고 건너는 사람들이 많아지자 동아줄이 늘어져 강물에 닿으려 했다. 나머지 대군은 얕은 여울을 따라 건넜기에 별일은 없었다.

돌이켜 생각하면 그때 다급하게 추진하느라 칡을 많이 준비하지 못한 것이 안타깝다. 만일 두 배로 준비해 동아줄 서른 가닥을 만들었다면 보다 더 팽팽하게 만들 수 있었을 것이다.

나중에 《남북사》를 읽다가 그런 방법이 예전부터 있었던 것임을 알게 되었다. 북제의 군사가 후량을 침공했을 때 소규가 북주의 총관 육등과 함께 그들을 막기 위해 싸웠다. 그때 북주 사람들이 좁은 강어귀에 안촉성을 쌓고는 강 위로 큰 동아줄을 가로지르고 갈대를 엮어 다리를 만들어서 군량을 운반해 건넜다는 기록이 있다. 내가 고안한 방법과 같은 방법이었다.

나는 옛사람들이 이미 그 방법을 사용한 줄도 모르고 내가 우연히 고안했다고 여긴 것이 우습다고 생각했다. 그러나 그 일을 기록해 놓았으니 뒷날 갑작스러운 난관이 생겼을 때에 도움이 되기를 바란다.

1593년 여름, 나는 병으로 한양 묵사동에 누워 있었다.

어느 날 명나라 장수 낙상지가 내 처소로 찾아와서 매우 공손히 문병한 후에 "조선은 지금 국력이 미약한데 적군은 아직 조선에 있으니, 군사를 훈련해 적군을 방어하는 것이 가장 시급한 일입니다. 지금 우리 명나라 군사가 아직 본국으로 돌아가지 않았으니 이 기회에 군사 훈련법을 배우는 것이 좋겠습니다. 한 사람이 열 사람을 가르치고 열 사람이 백 사람을 가르치면 얼마 안 가 모두 정예 군사가 되어 나라를 지킬 수 있을 것입니다"라고 했다.

나는 그 말에 감동해 곧바로 임금께 아뢰었다. 그런 다음 데리고 있던 금군 한사립을 시켜 한양 성안에서 군사를 모집하게 했다. 70여 명을 모아 낙공(낙상지)에게 보내 훈련을 청했더니, 낙상지는 자신이 거느리고 있는 장수 중에서 진법을 잘 아는 장육삼 등 10명을 뽑아 교관으로 보내주었다. 그들은 밤낮으로 창술·검술·낭선[18] 등의 무기를 쓰는 기술을 훈련했다.

얼마 뒤에 내가 남쪽으로 내려가게 되어 훈련도 곧 폐지되었으나, 임금께서 내가 올린 장계를 보시고 비변사에 명해 별도로 도감[19]을 설치하도록 하셨다. 그곳에서 군사들을 훈련하도록 하고 좌의정 윤두수에게 그 일 전체를 주관하도록 했다.

9월에 내가 다시 임금의 부름을 받고 해주에서 맞이해 모시고 함께 한양으로 돌아오는데, 연안에 이르자 좌의정 윤두수를 대신해 도감 일 전체를 주관하라고 명령을 내리셨다.

---

18) 낭선창. 아홉 층부터 열한 층의 가지가 달려 있고 창대 끝과 가지 안쪽에 쇠붙이로 만든 날카로운 날이 있는 창. 쇠 또는 대로 만드는데, 길이는 열다섯 자, 무게는 일곱 근임.
19) 고려와 조선 시대에, 나라의 일이 있을 때 임시로 설치하던 관아.

당시 한양은 기근이 심했다. 나는 명나라에서 보낸 좁쌀 천 석을 풀어 매일 그 훈련을 받을 경우 한 사람에게 곡식 두 되씩을 주었다. 그러자 사방에서 훈련을 받기 위해 모여 들었다. 도감 당상 조경이 제안했다. "곡식이 부족해 무제한으로 줄 수는 없기 때문에 일정한 기준을 만들어 제한하는 것이 좋겠습니다" 라고 했다.

그래서 큰 돌을 놓고 지원자들에게 그것을 들도록 했다. 또 높이가 열 척이나 되는 흙담을 뛰어넘게 해 넘는 사람은 훈련을 받게 하고 넘지 못하는 사람은 훈련을 받지 못하게 했다. 그런데 사람들이 굶주리고 피곤해 기운이 없었기 때문에 합격하는 사람은 불과 열 명 중 한두 명이었다. 어떤 사람은 시험을 보러 왔다가 응시하기도 전에 쓰러져 죽기까지 했다.

아무튼 오래지 않아 수백, 수천 명을 뽑아 파총20)과 초관21)을 세워 부대를 나누어 거느리게 했다. 또한 조총을 쏘는 법을 가르치고자 했으나 화약이 없었다. 마침 군기시 소속의 장인 대풍손이라는 자가 사형을 기다리고 있었는데, 화약을 많이 만들어 적군에게 주었다는 죄 때문이었다.

내가 특별히 그의 죄를 용서해 주고 화약을 제조해 속죄하도록 했다. 그는 감격스러워 하루에 수십 근의 화약을 만들었다.

20) 조선 시대 때 각 군영에 둔 종4품 무관 벼슬.
21) 조선 시대 때 한 초哨를 거느리던 종9품 무관 벼슬.

그것을 날마다 각 부대에 나누어 주었고, 밤낮으로 총 쏘기를 익히도록 했으며 그것에 대한 등급을 매겨 상벌을 시행했다. 그렇게 훈련을 시킨 지 한 달이 지나자 날아가는 새도 맞힐 수 있게 되었다. 서너 달 후에는 항복한 왜적이나 명나라 남방 출신의 군사들과 비교해도 그보다 못한 사람이 없었고 어떤 사람은 그보다 더 뛰어났다.

나는 임금께 상소문을 올려 "군량을 마련하고 군사를 모집해 만 명이 되거든 5개의 영을 설치하고, 영마다 각각 2천 명씩을 소속되게 합니다. 매년 절반은 한양에 남겨 두어 훈련을 하고 절반은 성 밖으로 내보내 널찍하고 기름진 땅을 골라 둔전을 설치해 곡식을 저장하도록 하소서. 그렇게 번갈아 훈련을 하면 몇 해 뒤에는 군량의 공급원이 튼튼해지고 국가의 근본도 견고해질 것입니다"라고 했다.

임금께서는 나의 의견을 병조에 내려보내 검토하게 했으나 실시되지는 않았고 결국 나의 뜻은 이루어지지 못했다.

3

심유경은 평양에서 적진에 드나들며 고생을 많이 했다.

그러나 그는 강화를 내세웠기 때문에 우리나라에서는 그를
좋아하지 않았다.

마지막에 적이 부산에 남아 있으면서 오래도록 돌아가지 않
을 때였다. 책사 이종성[22]이 도주해 본국으로 돌아가자 명나라
조정에서는 심유경을 부사로 임명해 정사인 양방형과 함께 왜
국으로 들어가게 했다. 그러나 끝내 아무런 성과도 얻지 못한

---

22) 명나라 조정에서는 도요토미 히데요시를 일본 국왕으로 책봉해 주기 위
해 이종성을 상사로, 양방형을 부사로 임명하여 파견했으나, 이종성은 왜
국으로 가던 도중 부산의 왜의 진중에서 머물다 의구심이 나서 도망쳐 돌
아옴.

채 돌아왔으며 고니시 유키나가와 가토 기요마사도 다시 남쪽 해안 지방으로 돌아와서 주둔하게 되었다.

이에 명나라와 우리나라에서는 의견이 분분했는데 모두 심유경에게 그 책임을 돌렸고, 심한 사람은 "심유경이 왜적과 공모하여 배반할 낌새가 있다"라고까지 했다.

우리나라의 승려 송운(사명대사)이 서생포의 적진에 들어가서 가토 기요마사를 만나고 돌아와서 "적군은 명나라를 침범하려 하고 있으며 말하는 것이 이치에 어긋난다"라고 했다. 우리나라에서는 바로 그러한 내용을 기록해 명나라 조정에 상세하게 보고했다. 그것을 들은 사람들의 분노는 극에 달했다.

심유경은 자신에게 화가 닥칠 것을 깨닫고 걱정과 두려움으로 어찌할 줄 몰랐다. 이에 김명원에게 다음과 같은 편지를 보내 그동안에 있었던 일을 자세히 서술해 자신의 입장을 밝혔다.

세월이 어느덧 흘러 지난 일들이 어제 일과 같이 느껴집니다.

생각건대 몇 해 전에 왜적은 강토를 침범해 바로 평양까지 닥쳤으니, 적군의 안중에는 벌써 조선 8도가 없었던 것입니다. 그때 이 늙은이(심유경 자신)는 황제의 명령을 받들어 왜적의 실정을 탐색했고 그 혼란 중에 귀하(김명원)와 이 체찰사(이원익)을 만났던 것입니다.

당시 평양에서 서쪽 일대 지역의 거주민들은 당장이라도 적이 들이닥칠지 모르는 다급한 상황에서 이리저리 떠돌아 바늘방석에 앉은 듯한 고통에 시달렸습니다. 내 눈으로 그러한 참상을 직접 보니 참으로 마음이 아팠습니다. 귀하께서는 몸소 그 일을 겪었으니 구구절절한 이야기를 듣지 않아도 이미 다 아시는 일일 것입니다.

나는 고니시 유키나가를 격문으로 불러 건복산에서 만나 그곳에서 더 이상 서쪽으로 침범하지 못하도록 약속하게 했는데, 왜적은 두 달이 넘도록 감히 약속을 어기지 못했으며, 그러는 동안에 명나라 대군이 도착해 평양에서 승리를 거두었습니다. 만약 그때 내가 오지 않았더라면 왜적은 조공(조승훈)이 패전한 기회를 틈타 의주(선조가 피란해 있던 곳)까지 갔을지도 모를 일입니다. 평안도 백성들이 심한 해를 입지 않은 것은 귀국에 무척 다행스러운 일입니다.

얼마 후에 왜적의 장수 고니시 유키나가는 한양으로 물러가서 방어했고, 도요토미 히데요시가 거느린 이시다 미쓰나리, 구로다 나가마사 등 30여 명의 장수들이 군사를 이끌고 합세해 험준한 곳을 수비하니 누구도 그들을 쳐부술 수가 없었습니다. 벽제관 싸움 이후로는 진격이 더욱 어려워졌습니다. 그때 판서 이덕형이 개성으로 나를 찾아와서는 "적군의 세력이 이미 강성해졌으며, 명나라의 대군이 물러간다면 한양을 되찾을 가망성은 사라질 것입니다"라고 하면서 눈물을 흘렸습니다. 또 나에게 말하기를 "한양은 국가의 근본이 되는 땅이므로 한양을 되찾아야만 전국의 각 도를 지휘할 수 있습니다. 그런데 지금 이 지경에 이르렀으니 장차 어찌하면 좋겠습니까?"라고 했습니다.

내가 "한양을 되찾더라도 한강 이남의 여러 도를 찾지 못한다면 사정은 역시 나아질 것이 없지 않겠습니까?"라고 물었습니다. 이덕형은 "한양을 되찾는 일도 우리로서는 실로 이루기 어려운 일입니다. 한강 이남의 지역에서는 우리나라 자력으로 대처할 수 있으니 버틸 수 있을 것입니다"라고 대답했습니다.

내가 "나는 그대의 나라를 위해 한양을 되찾도록 노력하고 아울러 한강 이남의 여러 도까지도 되찾고, 나아가 왕자와 신하들을 돌려 보내도록 할 것입니다. 그래야 나라가 온전히 보전될 것입니다"라고 했습니다. 그러자 이덕형은 눈물을 흘리고 머리를 숙이며 "그렇게만 된다면 대인께서 우리나라를 다시 일으켜 세워 주는 것이니 그 공덕은 매우 클 것입니다"라고 했습니다.

잠시 후 내가 배로 한강을 건너갔더니 왕자 임해군 등이 가토 기요마사의 군영에서 사람을 보냈습니다. 그 사람이 달려와서 전하기를 "우리를 돌아가게 해준다면 한강 이남의 어느 땅이든 왜가 원하는 대로 줄 것이오"라고 했으나 나는 그 제안을 거절했습니다. 또한 왜적의 장수와 서약하기를 "조선의 왕자와 신하들을 돌려보내려면 돌려보내고, 돌려보내기 싫다면 죽이시오. 그 밖에는 할 말이 없소"라고 했습니다.

왕자는 귀국의 왕위를 이을 사람인데 난들 소중한 줄 어찌 모르리오마는, 그때에는 차라리 죽이라고 하는 것 말고는 다른 조건을 들어줄 수 없었습니다. 훗날 그들은 부산에 와서 왕자에게 예를 갖추고 선물을 바쳤습니다. 더없이 거만했던 그들이 공손한 태도를 보인 이유는 시류 변화에 따른 어쩔 수 없는 변화라고 생각합니다.

논의에 따라 왜적이 한양에서 물러갔는데 그들이 남기고 간 군량은 헤아릴 수 없이 많았으며, 한강 이남의 여러 도 또한 빠짐없이 되찾았습니다. 왕자와 신하들도 돌아왔습니다. 그리고 책봉 문제로 적군의 여러 장수들을 부산 바다 위에 옭아매 그들이 3년 동안 감히 함부로 행동하지 못하게 만들었습니다. 나중에 책봉 문제가 결정되었고 저는 명령을 받들어 분쟁을 조정하고 전쟁을 끝내게 했습니다. 한양에서 다시 귀하와 이덕형을 만났을 때 나는 "지금 왜국에 가서 책봉을 해 주면 왜적이 물러갈지도 모르는데, 귀국의 뒷수습 계책은 어떠합니까?"라고 물었습니다. 그러자 이덕형은 "뒷일을 잘 처리하는 것은 우리나라 군신들의 책임이니 대인께서는 마음에 두실 필요가 없습니다"라고 했습니다.

내가 그 말을 처음 들었을 때는 일찍이 그가 큰 역량이 있고 큰 식견이 있는 대신임을 의심하지 않았습니다. 그러나 지금에 와서 그 일을 따져 보니 말과 실천이 서로 부합하지 않은 것 같아 나는 이 판서(이덕형)에 대해서 안타깝게 생각합니다.

부산과 죽도에 있던 적의 여러 진영이 곧바로 철거되지 못한 것은 물론 나의 책임입니다. 그렇지만 기장과 서생포의 왜병들은 모두 물러가며 영책도 모두 불태웠고 그 지역의 지방관들에게 땅을 돌려주기로 한 감결[23]까지 있었습니다. 그런데 지방관들은 어째서 가토 기요마사가 오자 화살 한 대도 쏘지 않고 땅을 왜적에게 양도한 것입니까? 예전에 한강 이남의 지역은 자체적으로 수복하겠다고 말했는데 어째서 되찾은 뒤 다시 잃어버렸습니까? 또한 뒷일을 잘 처리하는 것은 귀국 군신들의 책임이라고 했으면서 큰 계책은 세우지 않고 다만 궐하(명나라 조정)에 가서 소리를 높여 울부짖는 한 가지 계책만 세울 뿐입니까? 병법에 이르되 "힘이 약한 자는 힘이 강한 자를 당할 수 없고 적은 인원으로 많은 인원을 대적할 수 없다"라고 했습니다. 나 또한 어려운 상황을 귀국의 책임으로만 돌리려는 것은 아닙니다. 다만 "한가할 때에는 근본을 다스리고 위급할 때에는 보이는 것부터 다스린다"라는 말에 따라 평소에는 군사를 훈련시키고 때가 되면 적군을 제압해야 하는데 귀국에서는 누구도 그것을 마음에 두지 않았습니다.

내가 바다를 건너온 이후 귀국의 국왕을 네 번이나 만나 뵈었고 서로 주고받은 말은 마음속에서 진심으로 우러나왔으며, 서로의 뜻은 잘 통했습니다. 그래서 나는 진실로 '이제는 조선에 대해 염

---

23) 상급 관청에서 하급 관청에 내리는 문서의 하나.

려할 것은 없을 것이다'라고 생각했습니다. 그런데 뜻밖에도 여러 신하들이 모략을 꾀해 갖은 방법으로 이간질해 조정은 일본에 대해 분노했고 또 일본과는 불필요한 싸움을 행했던 것입니다.

특히 송운의 말은 예절에도 또한 법도에도 어긋난 것입니다. 그는 "조선이 명나라를 칠 것이다"라고도 했고, "조선 임금이 8도를 넘기고 일본으로 건너가서 항복할 것이다"라고도 하며, 잠깐 동안에도 말을 여러 번 바꾸었습니다. 그런 말로 국왕의 생각을 움직여 조정에서 군대를 동원하기는 했습니다. 그렇지만 귀국은 강토가 8도밖에 없는데 만약 이를 다 넘기고, 또한 임금께서 바다를 건너가서 왜적에게 항복한다면 종묘사직과 백성들은 모두 일본의 소유가 될 것입니다. 사실이 그렇다면 왜적은 무엇 때문에 두 왕자가 직접 와서 사례하라고 요구했겠습니까.[24] 제 생각에는 삼척동자라도 그러한 실언은 하지 않을 것이며, 가토 기요마사가 비록 멋대로 굴기는 하지만 그와 같이 방자하게 행동하지는 않았을 것입니다.

조정에서 외번[25]을 통솔하고 제어하는 데에는 본래 뚜렷한 원칙이 있어 한 번 은혜를 베풀고 한 번 위엄을 부리는 것도 그 시기가 있습니다. 수백 년 동안 관계를 맺어 온 조선을 버리지는 않을

---

24) 도요토미 히데요시는 포로가 되었던 조선의 두 왕자를 풀어준 데에 대해 그들이 직접 와서 사례를 해야 한다고 요구한 적이 있었다.
25) 명나라 밖에 있는 제후의 나라.

것이며, 또한 약속을 지키지 않는 역적(왜)이 우리의 제후국을 노략질하도록 두지는 않을 것입니다.

이 늙은이가 모든 일을 잘 살피지 못하지만, 친함과 친하지 아니함의 분별이나 역순과 향배의 순서에 이르러서는 누구나 쉽게 알수 있을 텐데 하물며 명을 받들어 이 일을 주관하는 데에 있어 어찌 조선의 일을 소홀하게 생각했겠습니까. 만일 역적의 방자함이 있었다면 그를 숨기지 않고 보고하지 않았겠습니까.

귀하는 핵심을 깊이 인식하고 국사를 자세히 알고 있기에 이 편지를 보냅니다. 바라건대 귀하는 나의 진심을 살피시어 즉시 국왕께 아뢰고, 아울러 여러 신하들에게도 내용을 알려 주십시오. 이미 말했듯이 "우리 조정에 의지하는 것이 만전의 계책이다"라고 했으니, 부질없는 계책으로 날마다 수고스럽기만 하고 결과가 졸렬해지는 일이 없도록 해야 할 것입니다.

성심으로 부탁하며 할 말을 다하지 못합니다.

이 편지를 보면 한양을 되찾기 전의 일은 분명히 조리에 맞지만 왜적이 부산으로 물러간 후의 일은 명백하지 않다. 그러나 공과 죄는 서로 덮어 가릴 수 없는 것이다. 훗날 심유경을 평가하는 사람은 마땅히 이 편지로 옳고 그름을 판단해야 할 것이므로 여기에 수록해두는 것이다.

심유경은 말솜씨가 뛰어나고 외교적인 사람이다. 평양 전투

이후에 두 번이나 적군의 진중으로 들어갔는데, 이것은 보통 사람으로서는 매우 어려운 일이다. 그는 무력이 아닌 말솜씨로 수많은 적군을 몰아내고 수천 리의 땅을 수복했다. 다만 마지막에 한 가지의 일이 잘못되어 큰 화를 면하지 못했으니 슬픈 일이다.

고니시 유키나가는 심유경을 가장 신임했다. 고니시 유키나가가 한양에 있을 때 심유경은 그에게 은밀히 "일본의 군사들이 이곳에 오래도록 머무르며 돌아가지 않는다면 우리 조정에서 다시 대군을 동원해 서해를 건너올 것이다. 그리고 충청도 길을 끊을 것이다. 그때에는 돌아가고자 하더라도 돌아가지 못할 것이다. 나는 평양에서부터 그대와 친분이 있었기 때문에 알려 주는 것이다"라고 말했더니 그제야 고니시 유키나가는 겁이 나서 한양을 떠난 것이다.

이 일은 심유경이 우상 김명원에게 말한 것인데 김 우상이 다시 나에게 전한 것이다.

옮긴이 김문정

인천 부개고등학교에서 한문, 국어 교사로 재직 중이다.

번역한 책으로 《논어》, 《맹자》, 《대학 · 중용》, 《명심보감》, 《난중일기》가 있다.

징비록懲毖錄 : 초판본 표지디자인

개정판 3쇄 펴낸 날 2020년 9월 30일

지 은 이   류성룡
옮 긴 이   김문정
펴 낸 이   장영재
펴 낸 곳   (주)미르북컴퍼니
자 회 사   더스토리
전   화   02)3141-4421
팩   스   02)3141-4428
등   록   2012년 3월 16일(제313-2012-81호)
주   소   서울시 마포구 성미산로32길 12, 2층 (우 03983)
E-mail   sanhonjinju@naver.com
카   페   cafe.naver.com/mirbookcompany

값 9,800원

03910

ISBN 979-11-6445-276-7